구원의 인문학 1

고통과 예술

배철영 지음

반 고흐

뭉크

로스코

샤피로

하이데거

지젝

윌버

신아사

배철영

부산대학교 철학과를 나와 계명대학교 철학과에서 박사 학위를 받았다. 현재 동의대학교 철학상담·심리학과 교수로 재직 중이다.
그동안 관심분야는 실존철학, 사회과학방법론, 과학철학, 미학, 정신분석학, 통합심리학 등으로 이어져왔다.
대학 졸업논문인 「불안의 세 가지 의미: 사르트르, 하이데거, 키르케고르」 이후 관심 분야 관련 논문들을 다수 발표하였다. 그리고 『설명과 이해』를 옮겼다.

구원의 인문학 1

고통과 예술

초판 발행 _ 2017년 2월 28일

저　　자 • 배 철 영
발 행 인 • 정 현 걸
발　　행 • 신 아 사
인　　쇄 • 토탈프로세스
주　　소 • 서울시 은평구 통일로 59길 4 (2F)
전　　화 • 02)382-6411 · 팩스 02)382-6401
홈페이지 • www.shinasa.co.kr
E-MAIL • shinasa@daum.net
출판등록 • 1956년 1월 5일 (제9-52호)

ISBN 978-89-8396-981-1(93100)

정가 12,000원

프라임 동의 인문교양 총서

이 저서는 교육부의 산업연계교육활성화선도대학(PRIME)사업 사업비를 지원받아 집필한 저서임

머리말

무척이나 오래된 기억이다. 누군가가 물었었다. 왜 철학과를 선택하였는지? 잠시 어떻게 답해야 할 지 몰라 우물쭈물 하던 차에 엉겁결에 불쑥 튀어나온 단어가 하나 있었다, '구원'. 무슨 종교에 귀의한 것도 아닌데 그 당시 어떻게 이 단어가 떠올랐는지 지금도 짐작이 가지 않는다. 그리고 세월이 많이 흘렀다. 그 질문도 자연히 잊혀져갔다.

그 후 온갖 책을 읽었다. 대학생 때와 대학원 석사 과정에 있을 땐 수많은 소설과 실존철학 및 사회과학 관련 책을, 박사 과정을 밟을 땐 방법론 관련 책을, 때로는 은사이신 김위성 교수님 말씀대로 젊어서 해 둬야 할 공부라고 해서 과학철학과 분석철학 책을, 그 후엔 무슨 관심이 일어서인지 미학과 미술사의 책을, 지금은 다시 어떤 계기였는지도 모르게 정신분석학과 영성 관련 책들을 읽고 있는 중이다. 그러고 보니 읽은 책의 다양성에 비해 글이나 논문을 열심히 쓰지는 않았다. 그래 무엇을 찾아서인지 책만 강박적으로 들여다 본 것 같다. 허겁지겁.

얼마 전 짧은 분량의 책을 하나 쓸 수 있는 기회가 주어졌다. 그동안 게으르게 준비하고 있었던 제법 긴 글이 하나 있었기에 써보기로 하였다. 그러나 여기저기 생각날 때마다 조금씩 써둔 거라 완성된 게 아니었다. 그래서 그 일부를 작은 책으로나마 만들어 보고자 하였다.

그런데 조금 쉽게 풀어서 쓰라는 주문도 있고 해서 예를 많이 추가하다보니 원래의 글에서 많은 변화가 생겼다. 게다가 주어진 시간도 많지 않아 더 다듬지 못하고 마무리 짓고 말았다. 또 기회가 생기면 그때 다시 다듬기로 하고.

이제 제목을 붙여야 한다. 인문학 관련 책이라는 요구에 맞추고 한정된 내용에 부합하게 '삶과 예술의 인문학'이라 정해 보았다. 그런데 뭔가 마음에 들지 않았다. 마치 책 읽고 공부한 내용의 또 다른 요약 같아 보일 뿐 뭔가 진정성이 빠진 것 같았다. 그래서 다른 제목이 없나 이 생각 저 생각 하며 보내다 나의 과거 독서 편력까지 더듬어 가게 되었다. 그러는 동안 회상해 낸 온갖 사연과 상념들을 여기서 늘어놓을 순 없지만 그들 속에서 뜬금없이 다시 '구원'이라는 단어가 떠올랐다. 어쩌면 나의 책 읽기 강박의 숨어 있는 의도는 이 단어와 관련있지 않을까? 40년 전 부모님의 그 반대에도 불구하고 막무가내로 철학과를 꼴통같이 선택한 것도 이 이유 때문 아닌가 모르겠다.

이 짧은 글에서 다루는 화가들은 반 고흐(V. van Gogh)와 뭉크(E. Munch) 그리고 로스코(M. Rothko)다. 곧 알게 되겠지만 그들의 삶은 고통스러운 것이었다. 나는 그들에게서 예술이란 자신들의 고통을 버텨내기 위한 것이었다고 생각한다. 물론 그 방식은 서로 다르다. 이 글은 먼저 그 차이를 보이는 것이다. 그리고 더 숨은 뜻이 있다면 우리 삶이 본래 고통과 관련되어 있음을 알아차리는 것이고, 우리 스스로가 본래 치유적 주체, 혹은 텅빔으로서의 주체임을 알리는 것이다.

원래의 긴 글은 2012/13 동의대 학술 연구년 기간에 착상되고 쓰여지기 시작했다. 그러나 아직도 진행 중이다. 그나마 이 작은 책이라도 보임으로써 의무의 일부라도 수행하였다는 점에 안도해야겠다. 어쩌면 이 글은 긴 지적 방랑의 흔적에 불과할지 모른다. 그러나 이 역시 가능하도록 허용해 준 '동의대'라는 자유의 공간과 캠퍼스 자연의 곳곳, 저 건너 백양산 그리고 우리 과의 학생들과 대학원생들에게 진정으로 깊이 감사드린다.

2017년 1월 22일

배철영

목차

II. 반 고흐의 고통과 희망: 정신병리와 영성의 관계

III. 뭉크의 고통과 치유의 예술: 로스코와 지젝을 거쳐 회화적 관조로

구원의 인문학 1

고통과 예술

I. 반 고흐의 회화에서 자아와 영성: 샤피로, 하이데거, 윌버

1. 반 고흐의 〈구두〉(1886)

(도판 1)은 빈센트 반 고흐(Vincent van Gogh)의 그림, 〈구두〉를 인쇄한 것이다. 실제 그림은 암스테르담의 '반 고흐 미술관'에 전시되어 있다. 그림은 비교적 간단하다. 화폭에는 낡고 헤진 구두 한 켤레가 크게 그려져 있을 뿐이다. 왼쪽 구두는 발목 쯤에서 밖으로 접혀 있어 안을 검게 드러내고 있고, 끈들은 모두 풀어져 바닥까지 드리워져 있다. 구두의 등과 코에는 먼지나 흙이 조금 묻어 있는 것 같다. 배경은 전체적으로 황갈색이 밝기를 달리하여 세 부분으로 나뉘어 칠해져 있다. 배경 상단은 화면 바깥까지 나가는 큰 타원의 불명확한 선에 의해 어두운 부분과 밝은 부분으로 나뉜다. 밝은 부분은 화면 바깥까지 확장되고 나아가 하단까지 내려와 큰 원을 이루며 후광처럼 구두를 에워싸고 돋보이게 한다. 배경의 맨 아래 쪽과 좌측의 일부는 다시 어두워지지만 거의 구두 그림자가 차지하고 있을 뿐이다.

(도판 1) 〈구두(Shoes)〉(1886), 캔버스에 유화, 37.5x45cm

이렇듯 〈구두〉는 비교적 간단하게 묘사된다. 반 고흐의 회화에 대한 통상의 이해 방식대로 격렬한 감정의 표현을 느껴보려 하지만 쉽지 않다. 단지 너무나 안타깝고 비극적이었던 그의 삶을 조금 알고 있어서인지 궁핍과 질곡 속에서 배어져 나오는 절망과 고독 그리고 이에 완강히 저항하는 굳건함과 그 치열함이 울려 나오는 것 같기도 하다.

그런데 반 고흐의 이 그림을 둘러싸고 1935년 철학자 하이데거(M. Heidegger)이래로 지금까지 철학과 미학 그리고 미술사 영역에서 다양한 관련 담론들이 공방(攻防)을 펼쳐왔다는 사실은 흥미로운 일이 아닐 수 없다. 먼저 하이데거는 자신의 예술론을 피력하면서 〈구두〉를 언급하였고, 이어 미술사학자이자 미학자인 샤피로(M. Schapiro)가 하이데거의 견해를 비판하면서 이 그림을 20여 년의 간격을 두고 두 차례에 걸쳐 다룬다. 한편 데리다(J. Derrida)는 앞의 두 견해에 대한 해체적 독해를 시도하는 가운데 예술 작품의 해석 불확정성의 원리를 언급하였다.[1] 최근에는 미학자 제임슨(F. Jameson)과 미술사학자 도이(G. Doy)의 언급도 눈에 띄었다.[2] 그리고 통합심리학의 창안자이자 철학자인 윌버(K. Wilber)는 자아초월적·초개인적(transpersonal) 관점에서 이 그림을 또 다르게 보기를 권유한다.

이처럼 〈구두〉는 이들 다양한 분야의 학자들이 자신의 예술적 시각을 주장하기 위한 사례로서 여러 관점에서 분석되고 해석되었다. 나는 이들 다양한 관점들을 구분하고 그 의의를 살피면서 하나의 포괄

1) 진중권(2007), 『현대미학 강의』, 4장. 애덤스(1999), 『미술사 방법론』, 8장. 박정자(2005), 『빈센트의 구두』, 3장 참조. ※각주의 완전한 정보를 위해서는 〈참고문헌〉 참조.

2) 도이(2007), 『미술사의 유물론적 이해』, 275-98쪽 참조. 도이에 따르면 하이데거 예술론의 본질은 관념론에 불과하다. 그 근거는 하이데거의 나치 동조 전력과 나중에 보게 될 '민족과 자연의 연합'을 '피와 흙의 이데올로기'로 해석하는 하이데거 비판자들의 논의이다. 이와 같은 도이의 주장은 나름 일리가 없지 않으나 부분적이다. 하이데거의 나치즘 동조에 대한 비판적 태도가 무시되어서도 안 되겠지만 그의 정치적 판단 착오에 내포된 철학적 사상, 이른바 '민족과 자연의 연합'은 그의 존재 사유의 구체적인 표현으로 이어진다는 것은 검토되어야 한다. 나는 이 글에서 그 관련 사상을 나중에 검토할 것이다. 그리고 하이데거와 나치즘의 관계에 관한 균형 잡힌 논의는 박찬국(2001), 『하이데거와 나치즘』을 참조하기 바란다. 나는 '자아초월적 지대'에 대한 이해가 없다면 도이와 같은 비판자들은 하이데거 예술론을 철학적 관념론의 유희 이상으로 이해하기는 불가능할 것이라고 생각한다. 도이의 유물론적 접근은 다원론적 방법론의 맥락에서 볼 때 부분적인 측면이다. 달리 말해서 예술작품, 가령 그림이 갖는 다양한 측면들에 접근하는 다양한 방법들 가운데 하나라는 말이다.

적이고 통합적인 입장을 마련하는 게 일차적인 목표다. 이들 각자의 관점은 그림이 내포하는 다양한 차원들에 대한 부분적인 해석으로 이해하며 그 해석들은 다시 보다 통합적이고 전체적인 구도의 어느 위치를 차지한다고 생각한다.

여기서는 우선 하이데거와 샤피로의 관점을 각각 검토하고, 그 과정에서 윌버의 제안을 받아들여 〈구두〉가 자아초월적 영역과도 관련되어 있다는 견해를 살펴보려 한다. 그리고 말미에선 이들 논의의 차이를 통합적 시각에서 간단하게나마 검토할 작정이다.

2. 예술작품의 진리, 혹은 '세계와 대지'의 드러남

하이데거는 〈구두〉를 통해 자신의 '예술작품의 존재론'을 해명한다. 이 말은 무슨 의미인가? 간단히 말해서 예술작품은 '존재자의 진리'가 정립되어 있는 장소이다. 혹은 예술작품 속에는 존재자의 진리가 스스로를 정립하고 있다. 하이데거의 책을 읽으면 이런 형태의 구절들이 끊임없이 등장한다. 잠시 인내하고 그의 말을 더 들어보기로 하자.

"예술작품은 그 나름의 방식으로 존재자의 존재를 열어" 보이며, "…존재자의 존재의 빛 속에 서게 된다."[3] 우리는 이들 문장으로부터 예술작품은 '존재자의 진리', 혹은 '존재자의 존재'를 현시한다고 이해할 수 있다. 따라서 우리는 작품과 대면하게 될 때 무엇보다도 작품

3) 이상 인용들은 하이데거(1997), 「예술작품의 근원」, 576, 581, 607, 624쪽.

속에 스스로 정립되어 있는 '존재자의 진리' 혹은 '존재자의 존재'를 포착해 내어야 한다. 그렇지만 문제는 '존재자의 진리'라는 말의 의미다. 이 말은 좀 더 구체적으로 무엇을 의미하는가? 나는 여기서 '존재'와 '존재자'의 구분에 관한 하이데거의 논의를 따라다니지는 않겠다. 예술작품의 본질로서의 존재자의 진리를 표상한다는 말의 구체적인 사례에 바로 다가감으로써 존재와 존재자의 의미가 드러나도록 하겠다.

하이데거는 예술작품 속에 현현하는 '존재자의 진리'를 구체적인 예, 곧 반 고흐의 〈구두〉를 매개로 암시하고 있다. 우리는 작품에 관한 하이데거 자신의 구체적인 이해를 검토함으로써 역으로 그 난해한 의미에 이르는 게 좋겠다.

물론 이 예가 과연 '존재자의 진리'를 드러내는 데 적절한지는 의문의 여지가 없는 것은 아니다.[4] 하지만 하이데거 자신이 "반 고흐의 그림을 언급한 것은 이러한 (진리의) 발생사건을 명명하기 위한 시도"[5]라거나 "반 고흐의 회화 속에서 진리가 발생한다"[6]라고 명시하고 있

---

4) 폰 헤르만(Fr. von Hermann)은 하이데거가 자신의 논문 「예술작품의 근원」에서 도구의 근원적인 도구존재, 즉 도구의 본질을 서술하기 위해 도구의 한 예로서 한 켤레의 농부의 신발을 선택한 것이고, 또 예술작품이 도구의 본질을 가장 탁월한 방식으로 드러내기 때문에 이를 보여주기 위해 〈구두〉 그림을 선택하였다고 말한다. 그리고 도구의 본질은 도구의 용도성(Dienlichkeit), 곧 그 쓰임새에 있는 것이 아니라 신뢰성(Verläßlichkeit)에 있으며, 이 신뢰성이 바로 하나의 존재자(도구인 구두)의 진리가 된다. 다시 말해서 존재자의 진리를 규명하기 위해서 도구의 진리, 곧 구두의 진리로서의 신뢰성에 주목한 것이다. 그리고 이 도구의 신뢰성이 예술 작품의 진리로서 작품 속에서 경험될 수 있다. 폰 헤르만(1997), 『하이데거의 예술철학』, 153쪽, 187쪽.

5) 하이데거(1997), 582-3쪽.

6) 하이데거(1997), 599쪽.

는 만큼 '존재자의 진리'를 구체적으로 이해하는 한 실마리로 삼아도 무리는 없을 것이다.

그렇지만 문제는 역시 '존재자의 진리'라는 말의 의미다. 이 말은 좀 더 구체적으로 무엇을 의미하는가? 하이데거에 따르면 예술작품의 작품 존재, 곧 작품의 본질은 하나의 '세계'를 '열어세움' 혹은 '건립'(aufstellung)하고, '대지'를 '이쪽으로 세움', '불러세움' 또는 '설립'(herstellung)하는 것이다. 곧 작품 속에 정립되는 존재자의 진리 혹은 본질이란 작품 속에 건립된 세계와 설립된 대지의 역사적인 드러남이다.[7] 요컨대 예술 작품의 본질을 구성하는 두 근본 특징이 세계와 대지이고, 우리는 작품 속에서 세계와 대지의 현현을 그 역사적 맥락 속에서 포착해 내어야 한다. 흑은 존재자, 곧 작품에 재현되어 있는 구두 형상의 진리나 본질은 그 구두가 연관 맺고 있는 세계와 대지의 현현을 밝혀 드러내 보일 때 비로소 포착될 수 있다.

그렇다면 이제 우리는 예술작품 속에 정립되어 있는 존재자의 진리, 곧 작품 속의 존재자가 연관 맺고 있는 세계와 대지를 하이데거가 반 고흐의 〈구두〉에서 어떻게 포착해 내는지 들어보아야 한다. 약간 길지만 인용하겠다.

> "닳아 삐져나온 신발 도구의 안쪽 어두운 틈새로부터 노동을 하는 발걸음의 힘겨움이 굳어 있다. 신발 도구의 옹골찬 무게 속에는, 거친 바람이 부는 가운데 한결같은 모양으로 계속해서 뻗어 있는 밭고랑 사이를 통과해 나아가는 느릿느릿한 걸음걸이의 끈질김이 차곡차곡 채워져 있다. 가죽 표면

---

7) 하이데거(1997), 588쪽, 590쪽.

에는 땅의 축축함과 풍족함이 어려 있다. 해가 저물어감에 따라 들길의 정적감이 신발 밑창 아래로 밟혀 들어간다. 대지는 침묵하는 부름, 무르익은 곡식을 대지가 조용히 선사함 그리고 겨울 들판의 황량한 휴경지에서의 대지의 설명할 수 없는 거절이 신발 도구 속에서 울리고 있다. 빵을 안전하게 확보하는 데에 대한 불평 없는 근심, 궁핍을 다시 넘어선 데에 대한 말없는 기쁨, 출산이 임박함에 따른 초조함 그리고 죽음의 위협 속에서의 전율이 이러한 신발 도구를 통해 스며들어 있다. 대지에 이러한 도구가 귀속해 있고 농촌 아낙네의 세계 안에 이 도구가 보호되어 있다."[8]

그렇지만 여기서 한 가지 의문이 남는다. 회화 이미지에서 그려진 형상에 대한 단순한 재현적 의미를 넘어 그 배후에 감추어져 있는 세계와 대지의 진리를 포착할 것을 권유하는 하이데거의 제안은 분명 나름대로 의의가 있다. 그래서 나는 그림 읽기의 한 주요한 방법론적 전략의 지침으로 받아들이는데 전혀 이의가 없다. 하지만 반 고흐의 〈구두〉에 대한 이와 같은 하이데거적 읽기는 한편으로 '해석의 과잉'이라는 느낌이 드는 것도 피할 수 없다. 사실 하이데거 역시 반 고흐의 이 작품이 자신의 예술론을 해명하는 적절한 예로서 부족함을 느꼈는지 다른 예, '그리스 신전'을 찾아 가며, 이에 대한 하이데거의 예술론적 규명은 훨씬 설득력이 있다. 그래서 그의 입장은 나름대로 일리 있는 하나의 해석 가능성이다. 이 부분은 나중에 다시 말할 것이다.

하이데거는 〈구두〉에 그려진 구두 표상을 넘어 '농촌 아낙네의 세계'와 그 세계가 서 있는 '대지'가 진정 드러내는 것들을 포착한다. 여기서 드러난 '세계'는 '발걸음의 가벼움', 그럼에도 '끈질긴 걸음걸이',

8) 하이데거(1997), 573쪽.

그 속에서 '불평 없는 근심'과 '말없는 기쁨' 등 농촌의 일상생활 속에서 체험하는 '우리' 삶의 애환과 굴곡들로 이루어져 있고, 대지는 '침묵하는 부름', 그리고 '곡식을 조용히 선사함', 그러나 '설명할 수 없는 거절' 등 농촌의 삶을 살아가는 과정에서 '우리'가 새삼 달리 경험하게 되는 자연의 처연하고 엄숙한 현상들이다. 그래서 '존재자의 진리'란 적어도 작품 속의 대상들이 드러내는 세계와 대지가 그 역사적·시간적 맥락 내에서 스스로 드러내는 것이라 할 수 있겠다.[9] 말하자면 그림 속 대상이 놓여 있는 시공간적 지평과 연관하여 세계와 대지의 새롭고도 고유한 드러남이 발생한다. 그래서 우리는 작품 속에 표상된 대상과 본래적으로 연관 맺고 있는 문화적 맥락과 자연을 진정으로 규명하여야 한다. "'대지'란 인간의 삶을 가능케 하는 자연(physis), 그리고 세계란 그 위에 세워지는 인간적 삶의 세계(nomos)라 할 수 있다."[10]

하이데거에 따르면 우리는 회화 이미지에 그려진 형상에 대한 단순한 재현적 의미 파악을 넘어서서 그 배후에 감추어져 있는 세계와 대지의, 곧 삶과 자연의 진리를 포착해야 한다. 혹은 작품 속에 스스로를 현전시키고 있는 세계와 대지의 열려 있음 안으로 들어서야 한다. 그리고 그 속에서 밝게 빛나는 존재의 빛 속에 흠뻑 젖어야 한다. 혹은 존재의 부름과 진리의 말 걸어옴에 청종(聽從)하여야 한다.[11]

---

9) 하이데거(1997), 606쪽. 이것은 진리가 무시간적으로 또는 초시간적으로 존재한다는 객관적 인식에 대한 비판을 함축한다. 박찬국(2004), 『들길의 사상가 하이데거』, 134쪽.

10) 진중권(2007), 71쪽.

11) 하이데거(1997), 613쪽.

그러나 우리가 존재의 빛 속으로 걸어 들어가고 존재의 말에 귀 기울인다고 존재의 진리가 있는 그대로 자신의 전부를 보여주는 건 아니다. 그래서 하이데거의 진리 이해를 따로 들어보아야 한다.

3. '비은폐성'으로서의 진리

하이데거의 진리는 고대 그리스 철학, 특히 아리스토텔레스 이후 근대에 이르기까지 서구 철학에서 유지되어 왔던 전통적 진리 개념과는 구분되어야 한다. 전통적 진리 개념은 '사태와 인식의 일치로서의 진리'이다. 이 개념에 따르면 현실의 사태와 우리 내면의 인식, 그 인식을 표상하는 진술의 내용이 일치하는가가 참과 거짓의 구별기준이 된다. 그래서 우리의 인식과 그것을 나타내는 문장 모두가 바로 명제가 되지는 않는다. 그 안에 참 또는 거짓이 존재하는 문장만이 명제가 된다. 따라서 기도나 소원은 문장이지만 그 안에 참도 거짓도 존재하지 않기에 명제가 되지 못하고 진리 문제에서도 벗어나 있다. 이렇게 전통 철학에서 진리의 본질적 속성은 실제 사태와 우리 머릿속에 발생한 인식, 그것이 발화되거나 기록되어 나타난 진술 사이의 일치로 인식되었다.

반면 하이데거의 진리 개념은 '은폐되어 있지 않음', 곧 '비은폐성(aletheia, Unverborgenheit)'으로서의 진리이다.[12] 이것은 전통적 진리

12) 김동규(2012), 『철학의 모비딕』, 47쪽.

개념을 포괄하면서도 그를 넘어서 있는 보다 근원적인 진리 이해이다. 다시 말해서 전통적 진리 개념은 하이데거적 진리를 이미 전제로 하고 있다. 가령 "만일 X와 Y 어떤 것도 우리에게 명백하지 않다면, 우리는 명제 'X는 Y다'가 참인지 거짓인지를 판단할 수 없다. 그것들은 어떤 방식으로든지 열어 밝혀져야 한다. 이런 열어 밝혀짐이 객체들과 그것들에 관한 판단들의 상호관계를 위한 필요조건이다."[13]

인식과 사태의 일치 혹은 대응으로서의 진리는 이 진리에 이미 전제되어 있는 진리, 즉 비은폐성으로서의 진리의 관점에서는 부차적이다. 우리에게 이미 밝혀 명백히 드러난 것이 없다면 대응으로서의 진리도 있을 수 없다.

그런데 여기서 더욱 중요한 것은 사물들 혹은 사태들의 이러한 비은폐성은 인간이 만든 것이 아니라는 점이다. 그것은 사태들이 스스로 드러내는 것이다. 하이데거로부터 직접 인용하겠다. "존재자의 비은폐성을 전제하는 것은 우리가 아니다. 차라리 존재자들의 비은폐성이 우리를 그런 본질 안으로 옮겨 놓는다. 그래서 우리가 표상할 때면 우리는 언제나 비은폐성 내에서, 그것에 따라 자리 잡는다."[14]

존재자와 인간은 본래 개방적이다. 존재자는 언제나 스스로를 열어 밝히고 있으며, 인간은 그 존재자의 현현을 포착할 수 있는 존재이다. 단지 우리가 열려 있지 않고, 밝혀져 있는 존재자의 포착을 망각하였기에 진리에 이르지 못할 뿐이다.

---

13) 클라크(2008),『마르틴 하이데거 너무나 근본적인』, 53쪽.

14) 클라크(2008), 52쪽에서 재인용.

그리고 하이데거에 의하면 존재자의 진리는 자신을 단번에 전체적으로 드러내지 않는다. 진리는 우리가 수월하게 규정하여 붙잡을 수 있는 방식으로 나타나지 않는다. 그래서 “작품 가까이에서 느끼는 존재자의 진리는 그것이 본질적이면 본질적일 수록 언제나 근본적으로는 일회적인 성격을 띠게 된다.”[15]

인간 존재에게 존재자의 진리가 나타날 때 포착하기 어려움은 우선 존재자의 진리 자체가 한꺼번에 전체적으로 열어 보이지 않기 때문이다. 더욱이 우리 인간 존재는 그나마 그 진리를 포착하기 어렵고 심지어 이미지나 언술로 표현하기란 더더욱 어렵다.

우리는 이 사실을 보여주는 한 예를 빈센트가 동생 테오 반 고흐(Theo van Gogh)에게 보내는 편지 속에서도 찾을 수 있다.

> “어떻게 보면 그림을 배우지 못했던 것이 다행스럽구나. … 그러나 나는 내 그림에서 언젠가 내 마음을 치고 지나갔던 울림을 발견한다. 자연이 나에게 무언가 말해왔고, 말을 걸어왔으며, 나는 그것을 재빨리 받아 적어 화폭에 옮겨 놓았음을 마침내 알게 되었다. 그렇게 받아 적는 가운데 해독될 수 없는 말들도 있고 오타나 누락이 있을 수도 있지. 그러나 숲이나 바닷가나 인물이 나에게 말한 것을 조금은 그 안에 담고 있으며, 그것은 학습이나 체계에서 이끌어낸 따분하고 진부한 언어가 아닌 자연 그 자체에서 온 언어였다.”[16]

나는 하이데거의 이와 같은 제안이 나름대로 자아초월적 지대의 한 차원과 연관된다고 생각한다. 이 차원은 통상적인 상식이나 합리적

---

15) 김동규(2012), 159쪽.

16) 에드워즈(2007), 『하느님의 구두』, 139쪽 참조.

이성, 나아가 과학적 논리로써는 접근할 수 없는 존재의 본래적 현현에 직접 감응하거나 접속함으로써 비로소 드러난다는 점에서, 또한 하이데거나 반 고흐가 말하듯이 존재가 드러나는 그대로 열린 채로 받아들이고 귀 기울임으로써 비로소 포착되기에 '신비적'이라고 일컬어진다. 그것은 '초개인적인 지대'에 있다. 이에 관해서는 먼저 관련된 이야기를 더한 다음 다시 다루겠다.

이어서 샤피로의 논의로 넘어간다. 그 역시 〈구두〉의 분석을 통해 나름의 해석학을 피력함으로써 우리의 논의의 주요한 매개가 된다. 그의 생각은 하이데거와 달랐다.

4. 샤피로와 예술가의 자아

샤피로는 1968년에 쓴 논문에서[17] 〈구두〉 그림에 대한 하이데거의 해석을 읽고 그림 속의 구두가 농촌 아낙네의 것임을 어떻게 그토록 확신을 가지고 단정하는지 의문을 갖는다. 사실 〈구두〉에 대한 반 고흐의 진리 이해는 그려진 구두가 농촌아낙네의 것이라는 전제에서 시작된 만큼, 만일 다른 사람의 소유라고 한다면 그 서술은 한낱 하이데거의 시적 상상력의 결과, 곧 해석의 과잉에 지나지 않기 때문이다. 실제 하이데거는 "그 구두에는 적어도 그 구두의 사용만이라도 지시해줄 수 있는 그런 밭이나 들길의 흙덩이는 달라붙

17) Schapiro(1994), "The Still Life as a Personal Object- A Note on Heidegger and van Gogh".

(도판 2) 〈감자 먹는 사람들(The Potateo-Eaters)〉(1885), 캔버스에 유화, 81.5x114.5cm

어 있지 않다"고 쓰고 있으면서도 바로 다음 문장에서 "한 켤레의 농부의 구두일 뿐 더 이상 아무것도 아니다"라고 단정하기 때문이다.[18]

이에 샤피로는 구두를 여러 차례(8번) 그린 반 고흐의 그림들 가운데 어느 것을 염두에 두고 있었는지 하이데거에게 편지를 썼고, 하이데거는 답신을 통해 1930년 3월 암스테르담에서 작품을 보았다고 알

18) 인용들은 하이데거(1997), 573쪽. 아마 하이데거는 당시 암스테르담의 전시에서 〈구두〉 그림과 함께 반 고흐가 농부들을 그린 다른 많은 그림들을 보았을 것이다. 반 고흐는 처음 그림을 그리던 시절뿐만 아니라 그 이후에도 계속 농촌 풍경과 농부들의 일상을 묘사한 많은 그림들을 남겼다. 그림 〈감자 먹는 사람들〉(도판 2)은 반 고흐 자신도 말했듯이 자신의 믿음이 반영된 최고의 작품일 것이다. 그는 이들 농부들의 삶을 실제 있는 그대로 표현하고자 하였고, 그를 위해 무엇보다 농부들과의 연대의식을 강조하였다.

려준다. 다시 샤피로는 당시 그곳에 전시되었던 그림들을 문헌 조사하여 3점의 구두 그림을 확인하고, 그 가운데 하이데거의 해석과 연관지어 가장 관계있는 그림으로 선별된 게 도판의 〈구두〉 그림이다.

이 그림은 1886년 반 고흐가 파리에 머물던 시절에 그려졌다. 따라서 샤피로는 정황상 이 구두의 진정한 주인은 바로 당시 도시 거주자인 화가 자신이라고 결론 내린다. 그래서 〈구두〉는 한 농촌 아낙네의 구두(존재자)의 본질, 곧 그녀가 자신의 세계 및 자연과 맺고 있는 관계를 표현하고 있다고 말할 수 없다. 결국 그림은 화가 자신의 구두를 그린 게 되고, 그렇다면 당시의 화가 자신의 마음 상태, 곧 자아의 한 주요한 면면을 투영하고 있다고 보아야 한다는 것이다.[19]

샤피로에 따르면 하이데거는 작품 속에 현전하고 있는 예술가의 자아를 제대로 포착하고 있지 못하다. 작품은 작가 자신의 자아의 일부이다. 그렇다면 샤피로에게 자아는 구체적으로 무엇을 의미하는가? 아쉽지만 그는 이를 규명하기 위한 별도의 자리를 마련하지는 않는다. 단지 그의 글 속의 문맥들에서 그 의미를 유추해 볼 수는 있다. 통상 작품에는 '화가의 심리 상태', '화가 개인에게 고유하고 인상적인 체험'이 내재되어 있다. 그리고 그것들은 일종의 작가의 인격(personality)과 자기반성적 결과들을 반영하고 있다. 또한 나중에 보겠지만 구두는 반 고흐가 처한 상황과 분리될 수 없고, 자신에게 기억할 만하며 깊은 감동을 주었던 사물이었다. 그래서 〈구두〉는 그의 삶의 일부가 투영되어 있는 장소이고, 따라서 일종의 '자화상'이 아닐 수 없

19) Schapiro(1994), *Theory and Philosophy of Art: Style, Artist, and Society* pp.136-8.

다. "예술가가 자신의 낡은 구두를 그림의 주제로 가져오는 것은 사회적 존재로서의 그 자신의 운명들에 대한 관심사를 표출한"[20] 것이다.

샤피로는 반 고흐의 구두와 관련된 감동적인 이야기를 전하고 있는 고갱(P. Gauguin)의 회상을 인용하며 다시 한 번 자신의 입장을 강화시킨다. 이 이야기는 두 종류가 있는데, 하나는 앞서 언급한 샤피로의 1968년 논문에, 다른 하나는 1994년에 쓴 보완 논문에[21] 인용되어 있다.

고갱은 1888년 아를(Arles)에서 반 고흐와 방을 같이 쓰고 있었다. 그는 반 고흐에게 아주 중요한 의미를 지니는 것으로 여겨지는 몹시 낡은 구두 한 켤레를 목격하였다. 다음은 1968년 논문에 나오는 이야기의 일부이다.

> 방에는 낡고 진흙이 묻은 한 켤레의 징 박힌 구두가 있었다. 반 고흐는 이 구두를 소재로 주목할 만한 정물화 한 점을 그렸다. 나는 이 오랜 유물의 배후에는 어떤 사연이 있다는 것을 어떻게 감지하였는지는 모르겠다. 어느 날 나는 통상 넝마주이의 바구니에 던져질 것을 그처럼 소중하게 보관하는 어떤 이유가 있는지 그에게 용기를 내어 물어보았다.
>
> 그는 다음과 같이 말했다. "나의 아버지는 목사였다. 그리고 그의 권고에 따라 나는 미래의 직업을 준비하기 위해 신학 공부를 시작하였다. 젊은 목사로서 나는 어느 맑은 날 아침 가족들에겐 아무 말도 하지 않고 노동자들에게 복음을, 내가 배운 대로가 아니라 내 스스로 이해한 대로 전하기 위해 벨기에로 떠났다. 당신이 보는 이 구두는 그 여행의 수고를 용감하게 견뎌내었다."
>
> 보리나주(Borinage)의 광부들에게 설교를 하는 동안 빈센트는 탄광에서 발생한 화재의 부상자 한 사람을 간호하게 되었다. 그 남자는 너무 심한 화

20) Schapiro(1994), p.140.

21) Schapiro(1994), 'Further Notes on Heidegger and van Gogh', pp.143-145.

상을 입고 몸 일부가 절단되어 의사가 보기에 살아날 가망이 없었다. 오직 기적만이 그를 살릴 수 있을 것이라고 빈센트는 생각하였다. 그는 40일 동안 사랑의 보살핌으로 간호하였고 결국 광부의 생명을 구하였다.[22]

이와 같은 경험은 분명 반 고흐의 영혼에 깊이 각인되었을 것이다. 너무나 심한 화상을 입고 참혹한 고통 속에 있으며 의사도 포기한 환자의 침대 곁에서 극진한 간호로 40일간을 지켜온 그에게 그때 어떤 각성이 일어났음에 틀림없다. 그리고 우리는 이 보잘 것 없는 구두가 그와 같은 각성과 어떤 연관이 있음을 짐작하기란 어렵지 않다.[23] 그렇지만 이 구두가 반 고흐에게 그토록 중요한 이유가 정확하게 무엇인지, 그렇게 오랫동안 낡고 헤어진 구두를 가지고 다닌 이유가 무엇인지 아직은 보다 확연하지 않은 것 같다. 샤피로의 1994년 논문에는 고갱이 전하는 또 다른 이야기가 있다.

아를에 함께 있었을 때 우리 두 사람은 아름다운 색채를 얻는 데 미쳐 있었고 끊임없이 다퉜다. … 그는 갑자기 자주색으로 변한 벽 위에다 노란 물감이 칠해진 붓으로 다음과 같이 썼다: '나는 영적으로 전체이다. 나는 신성한 전체이다.'

나의 노란 방에는 조그만 정물화, 자주색의 작품 하나가 있었다. 두 짝의 커다란, 낡아 헤지고 형태가 일그러진 구두를 그린 것이었다. 이 구두는 빈센트의 것이었다. 어느 맑은 날 아침 새 구두였을 때 네덜란드에서 벨기에까지 도보 여행에 신었던 구두였다. 젊은 선교사 반 고흐는 자신의 부친처럼 목사가 되기 위하여 막 신학 공부를 마쳤었다. 그는 자신의 형제들이라 불렀

22) Schapiro(1994), pp.140-1.

23) Wilber(2000), *The Eye of Spirit*, p.529.

던 사람들이 있는 탄광으로 갔었다. …

현명한 네덜란드의 교수들의 가르침과는 반대로 빈센트는 가난한 사람을 사랑한 예수를 믿었었다. 그리고 온통 자비심으로 가득하였던 그의 영혼은 약자를 위하여 위안의 말과 희생을 추구하였고 부자들과 싸우고자 하였다. 너무도 분명하게 빈센트는 이미 미쳐 있었다. …

어느 날 어둡고 캄캄한 탄광에서 노란 색 크롬이 흘러넘치고 무서운 불길이 타올랐다. … 그 순간 기어다녔던 광부들은 … 그날 생명을 잃고 동료들 곁을 떠났다. … 그들 가운데 참혹하게 신체 일부가 절단되고 얼굴에 화상을 입은 한 광부가 빈센트의 눈에 띄었다. 탄광의 의사는 '기적이 아니라면 그 남자는 죽는다'고 말했다. …

빈센트는 기적을 믿었고 실질적인 간호를 믿었다. 그 광인(분명 그는 미쳐 있었다)은 그 죽어가는 사람의 침대 곁에서 40일 동안을 지켜보며 앉아 있었다. 그는 상처에 공기가 들어가지 않도록 최선을 다하였고 대신 약값을 지불하였다. 그는 위안을 주는 성직자(분명 그는 미쳐 있었다)였다. … 광기어린 노력으로 한 죽게 된 기독교인을 살아나게 하였다.[24]

그리고 그 남자의 얼굴에 난 흉터는 반 고흐에게는 정확하게 가시면류관으로 인해 생겨난 흉터처럼 보였다. 그는 "나는 이마에 일련의 흉터를 가진 이 남자의 현존에서 가시면류관을, 부활한 그리스도를 보았다."[25]라고 말하였다.

고갱에게 이야기를 하던 중 이 지점에 이르러 반 고흐는 자신의 붓을 집어 들고 '부활한 기독교인', 그리스도를 지칭하며 "그리고 나, 빈센트는 그를 그렸다"고 말하였다. 고갱의 이야기는 반 고흐의 다음의 말로 끝을 맺는다.

---

24) Schapiro(1994), pp.143-4.

25) Schapiro(1994), p.141.

"나는 신성한 영이다. 나는 영적으로 전체이다." (분명 이 남자는 미쳐 있었다).[26]

이 두 이야기를 길게 인용하면서 샤피로는 〈구두〉에는 화가 반 고흐의 자아가 투영되어 있다는 자신의 입장을 강화한다. 반 고흐에게 그 낡은 구두는 자신에게 일어난 고난의 경험들을 함께 해 온 것으로서 자신의 삶의 여정의 상징이 된다. 그렇지만 샤피로가 또한 그의 구두에서 주목하는 것은 그의 불안정한 심리 혹은 병적 자아이기도 하다. 그는 고갱이 그렇게 이해하였듯이 반 고흐의 낡은 구두의 이미지에서 그의 병적 긴장을 감지하고, 〈구두〉는 결국 "화가의 자아의 병적인 측면을 솔직하게 드러낸 것"[27]으로 이해할 뿐이다. 그래서 '나는 신성한 영이다. 나는 영적으로 전체이다'라는 반 고흐의 진술도 고갱이 표현하였듯이 단지 그가 미쳐있다는 병적 증후를 드러낼 뿐이었다.

그러나 고갱이 전하는 이 이야기를 접한 미국의 철학자이자 통합심리학자인 윌버는 반 고흐의 의식 상태를 달리 이해하며, 따라서 〈구두〉도 다르게 해석한다.

5. 윌버와 자아의 초월

윌버에 따르면 정신분석(psychoanalysis)은 고갱의 이 모든 이야기를

26) Schapiro(1994), p.145. 이상 인용문에서 ( )는 고갱의 진술이다.

27) Schapiro(1994), p.147.

접하게 되면 먼저 반 고흐의 심리 상태에 대한 치료적 해석을 제시하려 든다. 프로이트(S. Freud)에서 시작하는 정신분석적 해석은 그 자체 인간 의식의 보다 심층적인 자아초월적 영역을 다루지 않으며 또한 다루지도 못한다. 만약 우리가 인간적 각성의 보다 심층적인 차원에 대한 더 세련되고 포괄적인 해명을 위해 '자아초월심리학'에 주목한다면 인간 존재는 자아의 통상적인 양태들을 훨씬 초월하는 의식의 보다 높거나 진정 심층적인 상태에 다가갈 수 있다. 그래서 인간 심리의 심층을 진정으로 탐색하는 분야는 오히려 자아초월심리학이다. 그에 비해 정신분석은 상대적으로 인간의 의식 전체 가운데 표층에 주목하기에 오히려 '천층(淺層)심리학'으로 불려야 한다. 언젠가 다루겠지만 그렇다고 윌버가 프로이트의 정신분석을 외면하는 건 아니다. 그의 관점은 통합심리학으로 모아지고, 이것은 프로이트를 포괄하고자 한다. 요컨대 '통합심리학=프로이트(정신분석학 + 인간주의 심리학) + 부처(자아초월 심리학)'이다.

의식의 보다 고차적인 상태에서 개개인은 끊임없이 '존재하는 모든 것과 하나'라거나 '궁극의 영(spirit)과 동일하다'거나 '영적으로 전체'라는 등의 각성을 보고하고 있다. 정신분석이라는 천층심리학은 보다 고차적인 이들 상태 모두를 단순히 병리화하는데 급급할 뿐이며 심도 있는 연구를 결코 도모하지 않는다.[28] 오히려 동서양에 걸쳐 범문화적

28) 정신분석학을 통상의 표현처럼 심층심리학이라 하지 않고 천층심리학이라 일컫는 이유는 정신분석학이 다루는 인간의 심리 영역이 인간 의식의 전체 스펙트럼에서 부분을 이루고 있기 때문이다. 프로이트는 영성을 태아가 자궁 속에 있던 시기의 완벽한 상태로의 환원으로 이해한다. 나중에 다루겠지만 대상관계이론을 포함한 넓은 의미의 정신분석학이 다루는 영역은 인간 의식의 전

으로 발견되는 수많은 증거들은 보다 심층적이거나 고차적인 이들 상태에 우리 모두 접근할 수 있는 잠재력을 갖추고 있다고 말한다. 곧 영적 각성은 우리 모두에게 언제나 이미 가능하다.

월버가 보기에 빈센트의 봄(vision)과 각성은 근본적으로 우리 모두에게 잠재되어 있는 진정한 봄이자 각성이다.[29] 이들 고차적 상태와 봄이 때로는 반 고흐에게서처럼 개인적 병리나 신경증과 뒤섞여 있기도 하지만 그 상태들 자체는 본질적으로 병리적인 게 아니다. 오히려 관련된 많은 연구자들은 그것들이 우리 삶의 특별한 상태라고 끊임없이 보고한다. 따라서 빈센트의 봄 그 자체는 어쩌면 병리적이지도 않고 정신병적이지도 않으며 더욱이 광기도 아니라는 말이다. 그것은 우리 모두가 다행히 볼 수 있을 궁극의 실재와 그가 진정으로 접속하였다는 것을 의미한다.

반 고흐가 부활한 그리스도를 보았다고 말하였을 때 이것은 정확하게 그가 의미하고자 한 바로 그것일 수 있으며 또한 그가 보았던 바로 그것이라고 말할 수 있다. 곧 신적 합일의 체험 그것이다. 그래서 그는 이러한 봄을 일어나게 한 구두, 이 모든 것을 상기하게 하는 구두를 언제나 가지고 다녔던 것이다. 이 구두는 그 속에 반 고흐가 예수를, 우리 모두의 내면 속에 있는 예수를 품고 있었던 바로 그 구두였다. 요컨대 〈구두〉는 그의 영혼의 체험, 곧 그리스도와의 합일의 체험을 현시하는 이미지라 하겠다.

체 영역에서 일부분이고 정신분석학은 인간의 초기(0~5,6세) 발달과정에서 형성되는 정서적이고 성격적인 특징에 초점을 맞춘다.

29) Wilber(2000), *The Eye of Spirit*, p.531.

그런데 영혼의 체험은 곧 그리스도 혹은 신과의 합일의 체험만을 의미하는가? 그렇지는 않다. 윌버에 따르면 자아초월적 영역은 심혼적(psychic) 수준, 정묘적(subtle) 수준, 원인적(causal) 수준, 그리고 '비이원적(nondual) 수준'으로 발달해 나아가고, 각각은 다시 자연 속의 모든 것들과 하나가 된 듯한 신비적 체험을 의미하는 '자연(nature) 신비주의', 신의 임재를 나타내는 특성들과 하나가 되고 있음을 나타내는 '신성(deity) 신비주의', '적멸(寂滅)'과 '공' 등의 체험과 관련된 '무형상(formless) 신비주의', 그리고 '비이원적(non-dual) 신비주의'로 특징 지워진다.[30] 자세한 논의는 나중에 살펴보겠다.

그렇다면 반 고흐의 자아초월적 특성은 어디에 해당하는가? 아마 심혼적 수준의 자연 신비주의와 정묘적 수준의 신성 신비주의와 연관될 것이다. 다음에서는 반 고흐의 그림 〈까마귀가 나는 밀밭〉(도판 4)의 분석을 통해 그의 신성 신비주의를 좀 더 자세히 살펴보기로 한다. 그런데 샤피로 역시 이 그림에 대한 주목할 만한 해석(화가 자신의 자아의 표현으로서의 회화)을 하고 있고, 또한 우리의 논의를 적절히 매개하므로 거쳐가지 않을 수 없다. 그리고 이어서 하이데거의 자연 신비주의를 간략히 검토한 다음 하이데거의 존재의 진리 의미를 '사방세계'의 사유를 통해 살필 것이다.

30) 윌버(2005), 『모든 것의 역사』, 12장 및 13장; 윌버(2008), 『통합심리학』, 141-2쪽, 그리고 Wilber(2000), *Sex, Ecology, Spirituality*, 8장 참조.

6. 〈까마귀가 나는 밀밭〉: 샤피로

반 고흐가 사망하기 얼마 전 그려진 〈까마귀가 나는 밀밭〉(1890)은 〈별이 빛나는 밤〉(1989)과 함께 그의 작품들 가운데서 가장 많은 논란을 불러 일으켰다. 그림은 우선 네 가지 주요한 요소들을 중심으로 살펴 볼 수 있다. 화면의 하단에는 세 갈래의 길이 나 있다. 중앙의 길은 밀밭을 가로질러 지평선 근처에서 사라진다. 다른 두 길은 양 옆으로 뻗어 있으나 곧 화면에 의해 잘려버린다. 길가에는 초록의 들풀들이 자라고 있고 길에는 사람들이 지나다닌 듯 땅이 패여 있지만 그렇다고 누가 보이지는 않는다. 밀밭은 한 가운데로 난 길에 의해 두 부분으로 나뉘는데 급격한 역삼각형을 이루며 지평선으로 넓게 펼쳐진다. 그 위로 짙은 파란색의 하늘은 그림의 구성에서 거의 반을 차지하고 있다. 지평선 위 하늘의 중앙과 좌측에는 태양과 달이 희뿌연 대기를 휘감고 그 존재를 암시하는 듯하지만 분명치는 않다. 몹시 흐린 날 곧 비바람이라도 몰아칠 듯한 저녁 일몰의 시간이지 싶다. 그리고 지그재그 형태의 수많은 까마귀들이 오른 쪽 하늘 저편에서 지평선을 지나 전경을 향해 날아들고 있다.

샤피로는 우선 세 갈래 길이 보여주는 방향의 불확실성에서 화가의 심리의 불안정함을 유추하고 전경에서 지평선으로 급격하게 확대시키는 원근법의 변형을 보고 그의 강박적이고 격정적인 성격을 짐작한다.[31] 나아가 짙고 푸른 하늘과 밀밭을 배경으로 관람자의 시선을 향

31) Schapiro(1979), *Modern Art: 19th and 20th Centuries*, pp.87-8.

해 날아들고 있는 이 까마귀들은 죽음을 표상하는 불안스러운 대상으로서 곧 닥칠 불길한 운명을 예고한다. 그리고 화가는 까마귀들의 접근에 공포를 느끼며 분열되고 말 것이라고 추측한다.[32] 사실 이 그림은 1890년 7월 7일에서 10일 사이에 그려졌을 것으로 추정되는데 같은 시기에 동생 테오에게 보낸 편지를 보면 샤피로의 이런 읽기는 무리가 아니다.

> 이곳에 돌아와 다시 일을 시작했는데 붓이 내 손가락에서 거의 떨어질 것 같았다. 하지만 내가 원하는 걸 정확히 알고 있었기에 세 점의 큰 그림을 그렸다. 그것들은 혼란스러운 하늘 아래 펼쳐진 거대한 밀밭 그림이다. 그리고 나는 비애와 극단의 고독을 표현하기 위해 내 길에서 벗어날 필요가 없었다.

그러나 샤피로는 곧 이어지는 모순된 한 문장에 주목한다.

> 너도 곧 그 그림들을 볼 수 있기를 바란다. … 이 그림들이 너에게 내가 말로는 할 수 없는 것, 시골에서 발견한 건강과 거듭남(rebirth)의 힘을 너에게 말해 줄 거라 생각하기 때문이다.[33]

샤피로는 편지의 이 두 구절 사이의 간격과 모순에 주목한 뒤 혼란과 비애 그리고 극단적인 고독으로 가득 찬 화면이 어떻게 또한

---

32) Schapiro(1979), pp.89-90.

33) *Letters* 3:295. 이는 Van Gogh(1981), *The Complete Letters of Vincent van Gogh Vol.1-3*의 3권, p.295를 나타낸다. 또한 인용은 주로 반 고흐(2005), 『반 고흐, 영혼의 편지』와 반 고흐(2010), 『세상에서 가장 아름다운 편지』를 참고하였으나 차이가 있다면 Van Gogh(1981) 참조.

(도판 3) 〈까마귀가 나는 밀밭(Wheatfield with Crows)〉, 캔버스에 유화, 50.5x103cm

반 고흐에게 건강과 거듭남의 힘으로 나타날 수 있는지 묻는다. 샤피로에 따르면 그림 그리기는 반 고흐에게 진정 카타르시스였다. 그림이 반 고흐에게 끼치는 최종적인 효과는 감정의 돌풍이 지난 뒤의 질서와 평온이었다. 자신의 정신적 혼란과 불안정, 그리고 심리적 갈등을 그림을 통해 마음껏 분출함으로써 이후에 찾아오는 진정된 마음이 그림을 그릴 때 그에게 일어나는 과정이라는 것이다. 사실 그에게 그림은 자신이 미치는 것을 막아주는 것이었고 쉼 없이 다가오는 불행과 파멸을 복구해주며 이겨낼 수 있게 해주는 고도의 지성적 행위였다.[34]

이것은 프로이트가 정신분석을 정립하던 초기에 히스테리 환자를

34) Schapiro(1979), p.92.

치료하기 위해 사용한 기법인 '정화법(catarthic method)'을 의미한다.[35] 이 기법은 이제 정신분석적 치료에서 일반적으로 히스테리 환자, 나아가 정신장애를 가진 환자로 하여금 병리적 증상들의 원인으로 작용하는 과거의 외상적 사건이나 환상을 그것과 결부된 감정과 함께 표출하게 함으로써 증상으로부터 벗어나게 한다.

반 고흐에게 그림 그리기는 그의 병리적 장애들을 치유하거나 혹은 적어도 완화하기 위한 수단(정화법)으로 여겨진다. 그렇다면 그의 그림은 그의 증상의 특징들이 표현되는 장소가 된다. 그런데 반 고흐의 그림에는 그 증상들의 흔적보다는 그와는 다른 많은 내용들로 가득하다. 우리는 그 내용들 가운데 일부를, 즉 영적 차원에 해당하는 부분을 드러내고자 한다.

한편 샤피로의 어떤 문장들은 반 고흐에게서 초월적 특성을 감지하는 듯하다. 끝없는 하늘에서 마치 그 광대함에 흡수당하여 자아를 잃어버리고 싶은 지향성을 보았기 때문이다. 그러나 그는 이를 환상이나 환영 나아가 '히스테리칼한 욕망'으로 볼 뿐 그 이상으로 나아가지는 못한다.[36] 그렇지만 우리는 바로 이 지점에서 더 나아간다. 말하자면 샤피로의 자아 개념을 확장해 자아초월 개념으로 나아갈 수 있는지 살펴보려 한다. 그렇다고 자아 개념을 부정하는 건 아니다. 우리의 의식의 전체 스펙트럼은 자아와 자아초월을 포괄하고 있기 때문이다. 다음에서는 반 고흐의 이 그림을 자아초월적 관점, 앞서

35) 프로이트(2009), 「히스테리의 심리치료」, 『히스테리 연구』 참조.

36) Schapiro(1979), p.98.

말한 용어로 자연신비주의와 신성신비주의의 맥락에서 검토하기로 한다.

7. 〈까마귀가 나는 밀밭〉: 에릭슨과 에드워즈

에릭슨(K. Erickson)과 에드워즈(C. Edwards)는 샤피로와 시각이 다르다. 에릭슨은 반 고흐가 젊은 시절 비록 전도 사업을 포기하고 교회를 떠났지만 그렇다고 기독교 신앙 자체를 거부한 것은 아니라는 사실을 강조한다. 네덜란드의 제도적 기성 교회와 그 위선에 대한 비판이었지 신에 대한 믿음마저 거부한 것은 아니라는 말이다.[37] 따라서 그의 그림들에는 신과의 영원한 합일을 암시하는 이미지가 언제나 나타난다.

먼저 반 고흐는 〈까마귀가 나는 밀밭〉 뿐만 아니라 다른 많은 그림들에서 '밀과 밀밭'을 그려 넣었다.[38] 기독교 신앙에서 밀은 각별한 의미를 갖는다. 「요한복음」, 12장, 24~25절에는 다음의 구절이 나온다. "내가 진정으로 너희에게 말한다. 밀알 하나가 땅에 떨어져서 죽지 않으면 한 알 그대로 있고, 죽으면 열매를 많이 맺는다. 자기의 목숨을

37) Erickson(1998), *At Eternity's Gate: The Spiritual Vision of Vincent Van Gogh*, pp.2, 6, 69.

38) 반 고흐는 씨(밀알) 뿌리는 사람의 형상은 30번 이상, 1888년부터 1890년까지 밀밭, 혹은 그 속에서 씨 뿌리거나 수확하는 사람 등을 40번 이상 그렸다. Erickson(1998), pp. 71, 30 혹은 302 참조.

사랑하는 사람은 잃을 것이고, 이 세상에서 자기의 목숨을 미워하는 사람은, 영생에 이르도록 그 목숨을 보존할 것이다."

이 구절에서 보다시피 밀알은 산산이 부서져 땅 속으로 들어가야 새로운 생명을 탄생시킬 수 있다. 에드워즈가 보기에도 반 고흐에게 밀의 생명은 곧 인간의 삶에 비유된다.[39] 밀알은 생명의 순환 과정 중에서 부활과 재생의 상징이 되고, 밀알(씨)을 뿌리는 사람과 그 결과, 곧 수확을 거두는 것은 그리스도 혹은 하느님의 상징이 된다. 반 고흐는 이 상징을 자신의 신앙 속에 받아들였고, 테오와 친구 베르나르(E. Bernard)에게 보내는 다음의 편지는 이를 잘 보여준다.

"인간은 삶에서 얻을 수 없다고 알게 된 것을 얻기를 바라지 않는다. 삶이란 이를 테면 씨 뿌리는 시기에 불과하며 수확은 이 세상에서 이루어지지 않는다는 사실을 보다 똑똑히 깨우치게 된다."[40]

그리고 친구 베르나르에게 보낸 편지에는 다음의 내용도 보인다.

"지금도 나는 무수히 많은 과거의 기억과 씨 뿌리는 사람과 곡식 다발로 상징되는 전지전능한 하느님을 향한 갈망에 마법처럼 사로잡힌다네."[41]

밀밭은 반 고흐에게 절망 속에서 솟아나는 희망의 원천이었다. 그

39) 에드워즈(2008), 143쪽 참조.

40) *Letters* 1:537.

41) *Letters* 3:492.

는 밀밭에서 궁극적인 해방의 상징을 발견하고 위안을 얻었다.[42] 다음은 1889년 7월 2일 테오에게 보낸 편지다.

> 불평 없이 고통을 견디고, 반감 없이 고통을 직시하는 법을 배우려다 보면 어지럼증을 느끼게 된다. 하지만 그건 가능한 일이며, 심지어 그 과정에서 막연하게나마 희망을 보게 될 수도 있다. 그러다보면 삶의 다른 측면에서 고통이 존재해야 할 온당한 이유를 깨닫게 될 것이다. 우리로서는 그게 어떤 고통인지, 또 얼마나 엄청난 고통인지 알지 못하니, 밀밭을 바라보는 것이 더 나을 것이다. 비록 그림의 형태라도 말이다.[43]

한편 '까마귀'는 통상 이해되고 있는 바와는 달리 반 고흐의 이전 그림들에서도 부정적 연상을 불러일으키지 않았다. 농부나 씨뿌리는 사람, 밀 혹은 밀밭과 함께 등장함으로써 죽음과 거듭남 모두를 시사하는 맥락들과 관련을 맺고 있다. 말하자면 자연의 순환의 일부로서 죽음과 부활을 상징하기도 한다.[44] 또한 1877년 반 고흐가 주로 목가적인 작품들을 그릴 때도 "까마귀가 머리에 내려앉으면, 하늘이 이들을 인정하고 축복한다는 표시"라고 말하기도 했다.[45]

반 고흐에게서 '길'은 가장 의미 있는 예술적 상징으로서 삶의 여정을 나타낸다. 그는 자기 자신을 곧잘 삶의 여정을 떠나는 나그네에 비유하였다.

---

42) Erickson(1998), pp.161-2.

43) *Letters* 3:188-9.

44) Erickson(1998),

45) 네이페, S. 외(2016),『화가 반 고흐 이전의 판 호흐』, 963쪽.

나는 항상 어딘가를, 어떤 목적지를 향해 떠나는 나그네처럼 느껴진다. … 어디로 가는지는 전혀 모르지. 하지만 모르기 때문에 우리의 삶이 기차를 타고 한 방향으로 가는 여행과 같다는 느낌을 받는다.[46]

인생의 여정, 그리고 저 밀밭 한 가운데로 난 길의 끝은 인간의 시간적 존재의 끝, 곧 물리적 죽음을 암시하는 듯하다. 그렇지만 그에게 죽음이란 그렇게 부정적이지만은 않다. 그는 죽음을 삶의 절망적인 종말로 보지 않고, 오히려 한 존재 형태로부터 더 높은 다른 존재 형태로의 이행통로로 본다.[47]

그림에는 수확하는 한 농부가 불타는 금빛 태양과 빛이 흘러넘치는 하늘 아래에서 밝은 노란색 밀밭을 헤쳐 나아가며 밀을 베고 있다. 반 고흐는 이 그림과 관련하여 테오에게 다음과 같이 썼다.

이 수확하는 농부에게서 내가 보는 것은 뙤약볕에서 과업의 끝에 도달하려고 악마처럼 싸우고 있는 모호한 한 형상이다. 나는 그에게서 죽음의 이미지를 보는데, 그것은 인간이란 그가 거두어들이고 있는 밀일지도 모른다는 의미에서다. 그러므로 너만 좋다면 이 그림은 전에 그렸던 씨뿌리는 사람과는 반대되는 그림이다. 그러나 이 죽음에는 슬픔이 없다. 이 죽음은 태양이 모든 것을 순수한 황금빛으로 홍수처럼 내리 쬐는 환한 대낮에 일어나고 있다.[48]

46) *Letters* 3:2.

47) 반 고흐는 성직의 길을 걷고자 한 시기에 읽었던 책들인 존 버년(J. Bunyan)의 『천로역정』과 켐피스(Th. Kempis)의 『그리스도를 본받아』에 깊은 영향을 받았다. 이들에 의하면 죽음은 세속적인 삶의 고통에서 벗어난다는 반가운 소식이며 '하늘의 도시'로 더 빨리 가는 길이었다. Erickson (1998), pp.51-2.

48) *Letters* 3:202.

(도판 4) 〈수확하는 사람이 있는 밀밭(Wheatfield with Reaper)〉(1889), 캔버스에 유화, 74x92cm

끝으로 짙은 파란색의 거대하고 거친 '하늘'은 반 고흐에게서 예술가의 순례의 궁극적 목표인 영원한 것(the infinite)을 상징한다. 사실 그에게 파란색과 하늘 이미지 자체가 곧 영원성(infinity)을 자아내는 것이었다.

> 그림을 완성하기 위해서 나는 이제 자의적인 색채주의자가 되려고 한다. … 영원성의 느낌을 줄 수 있도록 내가 만들어 낼 수 있는 한 가장 선명하고 강렬한 파란색으로 배경을 칠할 것이다.[49]

49) *Letters* 3:6.

여동생 빌헬미나(Wilhelmina van Gogh)에게 보내는 편지에는 다음의 구절이 나온다. "하늘은 인간이 결국 하느님이라고 부를 수밖에 없는 그 무엇이지. 하늘에는 영원함이 있다."[50]

에드워즈에 따르면 반 고흐는 폭풍우 치는 하늘에 대해 특이한 정서를 지녔던 듯하다. 그는 비바람과 폭풍우의 날씨가 갖는 분위기를 좋아하였으며 그 속으로 걷는 일이 얼마나 그 자신을 차분하게 만들면서도 흥분시켰는지를 고백하고 있다.[51] 그런데 이 순간 반 고흐의 의식 상태는 무엇을 나타내는 걸까? 어떤 초월적인 존재, 하이데거의 용어로 '신적인 것'이 스스로 드러나는 사건이 일어난 순간이 아닐까? 물론 그 자연적 현상 자체가 신, 또는 하느님이란 말은 아니다. 그 현상 배후에서 신적인 것이 스스로를 은닉(Verbergung)하면서도 드러내는 특이한 현성(顯成) 방식이 바로 자연과 대지가 순간순간 생기(生起)하는 사건을 통해 스스로를 알려 오는 것이다. 그리고 이를 인지하고 포착할 수 있는 인간은 그 사건 혹은 순간에 감응함으로써 신적인 것과 대면하게 되고 하나로 합일(合一)하는 것이다. 반 고흐에게서 죽음이란 고통으로부터 해방되는 것에서 끝나지 않고 궁극적으로 영혼이 영원하고 무한한 신, 하느님과 합일을 이루는 통로인 것이다.

이 모든 것들을 포괄해 볼 때 반 고흐는 고난과 고독으로 점철되는 인간 삶의 여정에서 종국에는 영원한 신과의 영적 합일에 이르게 되고, 그럼으로써 새롭게 부활하고 영생하리라고 믿었다. 〈까마귀가 나

50) *Letters* 3:445.

51) 에드워즈(2008), 132-3쪽.

는 밀밭〉은 그의 이러한 믿음이 현시된 이미지라 하겠다. 에드워즈도 이 그림의 영적 울림을 강조한다. "이 그림은 자연의 복음이며, 대지와 하늘의 시편이고, 둥근 하늘 아래 한데 어우러져 사는 인간과 다른 피조물을 노래하는 가을의 찬미가라고 생각한다."[52]

다음에서는 하이데거의 예술론을 좀 더 살핌으로써 그의 사유에 내포된 자연 신비주의를 부연해 보고자 한다. 그럼으로써 나는 하이데거의 존재의 진리는 자연 신비주의와 신성 신비주의와 통합적으로 연관되어 있다고 생각한다. 나는 이 생각을 하이데거의 사방세계에 관한 사유를 살핌으로써 해명할 것이다.

8. 하이데거의 자연 신비주의

여기서는 하이데거의 예술론 속에 자연 신비주의가 함축되어 있음을 간략하게 주장할 것이다. 그래서 우리는 다시 앞의 하이데거 논의로 되돌아간다. 하이데거는 예술작품 속에 정립된 존재자의 진리를 밝혀 보여 주는 예로서 든 반 고흐의 〈구두〉가 예술작품의 본질적 두 연관, 곧 세계와 대지를 규명하는데 부족하다 여긴 듯 또 다른 예, 곧 그리스 '신전'을 찾아간다. 신전은 하이데거에게 작품 속에 본질적으로 현현하는 세계와 대지, 그리고 양자가 서로를 보다 진정한 모습으로 드러나도록 이끄는 상생(相生)의 투쟁 과정에서 조성되는 조화로

52) 에드워즈(2008), 130쪽.

운 통일을 보여주는 더욱 적실한 예이다.[53]

세계와 대지의 상생적 투쟁이란 어떤 의미인가? 앞서 보았듯 존재자의 진리가 작품 속에 정립되는 것이 예술작품의 본질이고, 다시 작품 속에 정립되는 진리가 이제는 좀 더 구체적으로 세계와 대지 사이의 투쟁적 진리로서 밝혀지고 있다는 게 하이데거의 주장이다. 그렇다면 작품의 통일성, 곧 작품의 진리이자 존재자의 진리를 형성하는 세계와 대지의 투쟁적 특성을 검토하지 않을 수 없다.[54]

그런데 세계와 대지가 서로 투쟁 관계 속에 있다고 해서 이 둘의 투쟁이 서로를 제압하려는 파괴적 투쟁이라는 말은 아니다. 오히려 투쟁 속에서 세계와 대지는 각자 자신의 고유한 본질에 당도하도록 서로 상대방을 촉진시킨다. 다시 말해서 세계는 대지 위에서만 자기 자신의 개방적 본질을 스스로 열어 보이고, 대지는 이러한 세계의 열려 있음 안에서만 자기 자신을 닫아두는 자신의 폐쇄적 본질, 곧 은닉을 여실히 드러낸다고 말한다. 그러나 이 구절은 더 난해하다. 대체 이 말은 어떤 의미인가?

인간은 대지, 곧 자연에 의존하고 그 자연을 바탕으로 자신의 세계, 다시 말해서 문화적 내용과 민족적 연관 그리고 그 속에서 다양하게 펼쳐지는 개인의 삶의 면면을 구현할 수 있고 드러내 보인다. 그런데 반면 대지의 폐쇄적 본질, 다시 말해서 대지가 스스로를 닫아 두거나 은닉한다는 것은 무슨 의미인가?

하이데거가 보기엔 대지는 그 본질상 자기를 열어 밝히려는 모든

53) 하이데거(1997), 592-3쪽.

54) 신상희(2010), 「옮긴이 해제」, 565쪽.

시도에 대해서 자기를 거부함으로써 스스로 물러난다. 예컨대 저 거대한 바위의 무거움은 자신의 육중함을 우리에게 넌지시 알려주지만 그 무거움은 자신에게로의 침입을 거부한다. 우리가 저 바위를 산산이 깨부숴 그 조각들을 남김없이 저울에 달아 무게의 총량을 정확히 측정해 본다고 하더라도, 우리에게 주어지는 것은 한낱 덧없는 숫자일 뿐 바위의 저 거대함, 육중함은 빠져 나간다. 바위의 저 육중함과 장중함은 해명되지 않은, 있는 그대로의 상태로 남아 있을 때 우리에게 다가 온다.[55] 그리고 이와 같은 이해는 하이데거의 다음의 말을 풀어쓴 것이다. "대지가 본질적으로 개시될 수 없는 것으로서 보존되고 참되게 간직되는 곳에서만, 대지는 대지 자신으로서 환히 밝혀진 채 개방되어 나타날 수 있다."[56]

대지의 열어 밝혀짐, 곧 진리의 현시를 위해 우리는 어떻게 대지를 참되게 보존하고 간직할 수 있는가? 그것은 대지의 진리가 현시할 수 있도록 세계를 건립하는 것이다. 하이데거는 대지의 열어 밝힘을 파괴하는 기술의 지배가 아니라 가능한 예술작품으로서의 세계를 세움으로써 대지와 자연의 진리가 더 명백히 드러날 수 있으리라 믿는다. 정리하자면 인간이 자기중심의 자연 이해, 곧 자연을 인간 자신의 쓸모와 용도에 맞추어 기술적 차원에서 이해함으로써 은폐되고 감춰지게 된 자연의 본래성 혹은 진리는 예술작품을 통해 나타난다.

그럼 이제 세계와 대지의 상생적 투쟁 속에서 진리가 현성하는 하

55) 신상희(2010), 562쪽.

56) 하이데거(2010), 『숲길』, 62쪽.

나의 탁월한 장소로서 예술작품, 여기서는 신전으로 다시 가 거기에서 무슨 일이 일어나고 있는지 살펴볼 차례다. 하이데거는 작품으로서의 이 신전에서 존재의 고유한 역사적 진리를 포착하고 감지한다. 먼저 신전은 그 주변의 대지, 곧 자연을 기반으로 하여 그리스 민족의 역사적 세계를 펼친다.

> 신전을 통해 신이 그 신전 안에 현전한다. 신이 이렇게 현전함 그 자체가 곧 그 구역을 하나의 성스러운 구역으로서 확장함이자 경계지움이다. … 신전작품은 그 안에서 탄생과 죽음, 재난과 축복, 승리와 굴욕, 존속과 쇠망이 인간존재에게서 그 역운(歷運, 인간 운명)의 형태를 얻어내는 그런 저 궤도들과 연관들의 통일을 비로소 짜 맞추면서 동시에 자기 주위로 모은다. 이렇게 열린 연관들이 전개되면서 확장된 범위가 곧 이러한 역사적 민족의 세계이다.[57]

고대 그리스의 개개 인간 존재는 이 신전을 찾아가면서 민족의 한 구성원으로서의 자기 정체성을 확인하고 상호 동일성을 경험한다. 이제 작품으로서 신전이라는 존재자의 진리 사건에서 세계는 한 민족의 자기 정체성을 그 역사적 맥락을 통해서 드러내고 건립한다. 그 당시 그리스의 어느 한 시민은 신전의 회랑 안으로 걸어 들어가면서 자신의 시민으로서의 정체성을 의식하고, 올림푸스의 신들과의 연관을 느끼며 두려워하면서 경배할 것이다.

한편 대리석의 신전은 바위지반 위에 머물러 서 있다. 그럼으로써 신전과 그 주변의 자연은 긴밀한 상호 연관 속에서 새롭게 스스로를 열어 보인다. 말하자면 하얀 대리석으로 이루어진 저 신전이 거대한 바위지

57) 하이데거(1997), 583쪽.

반 위에 세워짐으로써, 바위지반 뿐만 아니라 그 주변의 모든 자연의 존재자들, 가령 폭풍, 낮과 밤, 태양, 하늘, 바다와 파도, 주변의 동물과 식물 등은 이전과는 또 다른 모습으로 우리에게 스스로를 보여 준다.

아마 신전이 세워지기 전에도 그 자연의 존재자들은 이미 그곳에 존재하였고 제 모습들을 연출하고 있었으리라. 그러나 신전이 들어섬로써 그것이 주변의 자연과 결합하여 이전에는 보지 못하였던 새로운 모습을 펼치고, 우리는 그 자연, 그 대지 속으로 감싸여 들어가게 된다. 하이데거는 그 광경을 바로 지금 감각하듯 그려 보인다.

> 건축작품(신전)은 그것 위로 휘몰아치는 폭풍을 견뎌내며 서 있고 그렇게 비로소 폭풍 자체를 그 위력에 있어 내보인다. 석조의 광채와 빛남은, 비록 태양의 은총에 의해서만 빛나기는 하나 그것은 대낮의 빛과 하늘의 아득함, 밤의 캄캄함을 비로소 나타나게 한다. 건축작품의 확실한 솟아오름은 허공의 보이지 않는 공간을 보이게 해준다. 그 작품의 확고부동함은 밀어닥치는 바다의 파도를 막고 서서 자기의 그 고요함에서부터 파도의 광란을 나타내게 해준다. 나무와 목초, 독수리와 황소, 뱀과 귀뚜라미가 비로소 그것들의 부각된 형태 속으로 들어가 그것들이 무엇인바 그것으로서 나타나게 된다.[58]

하이데거에게서 예술 작품의 진리 발생이란 "일찍이 있어 본 적도 없고 이후에도 결코 더 이상 생겨나지 않을 그런 하나의 존재자를 이쪽으로 데려옴"[59]이고, "모든 것이 그전과는 다르게 존재하게 되며, … 모든 통상적인 것과 기존의 것이 작품을 통해 비존재자가 되는"[60] 것이다.

---

58) 하이데거(1997), 583-4쪽.

59) 하이데거(1997), 607쪽.

60) 하이데거(1997), 619쪽.

그렇다면 예술작품 속에서 진리의 드러남으로서 세계와 대지의 현현은 자아초월적 차원과 어떤 관계가 있는가? 하이데거의 '존재' 사상은 향토와 조국에 대한 그의 애정과 긴밀하게 연관되어 있다.[61] 다시 말해서 인간 존재는 우연히 존재하게 된 역사적 상황 속에서 경험하는 구체적인 자연과 민족 공동체에 본래적으로 결부되어 있다. 먼저 하이데거에게서 향토, 대지, 자연은 그리스적 의미의 퓌시스(physis)이다.[62] 퓌시스는 경이라는 근본 정서를 통해서 자신의 찬연한 자태를 스스로 개현한다. 그리고 우리는 논리적 이성이나 추론을 거치지 않기에 신비롭다할 직접 체험과 관조 속에서 스스로 펼쳐 보이는 자연에 젖어들게 된다. 반면 근대 이후 기술 문명 하에서 자연이란 계산가능하고 이용가능한 에너지들의 연관 체계로 인간의 이성을 통해서 언제든지 파악될 수 있고 지배될 수 있는 것이었다.[63]

61) 박찬국(2001), 215쪽. 또한 박찬국(2004), 122쪽.

62) 하이데거(1997), 584쪽. 퓌시스는 "인간이 태어나서 성장하다가 죽음을 맞이하기까지 인간의 운명과 삶의 역사를 두루 지배하며 포괄하고 있는 자연적인 존재자 전체의 보편적인 주재함을 뜻한다. 다시 말해서 퓌시스란 해와 달의 솟아오름과 저물어감에 따라 일어나는 낮과 밤의 교체, 사계절의 변화, 수많은 별들의 운행, 하늘과 땅과 바다의 한가운데에서 언제나 변화무쌍하게 일어나는 거대한 자연의 기후 변화, 이 모든 것과 함께 그 스스로 자생적으로 그리고 자발적으로 어우러져 일어나는 그런 자연적 사건으로서의 피어남과 자라남, 성함을 뜻한다. 인간의 삶 전체를 두루 지배하고 있는 퓌시스의 이러한 보편적 전개를 우리는 … 언제나 늘 자신의 생활세계 속에서 직접적으로 경험하고 있다." 신상희(2007),『하이데거와 신』, 134쪽.

63) 박찬국(2001), 245-6쪽. 오늘날 현대 기술시대에 대해 하이데거는 다음과 같이 비판적으로 규정한다. ①존재하는 모든 것을 기술적 제작과 조작의 재료로 보는 '획일화', 그리고 획일화의 방식으로서 '돈'이 기준이 되는 '화폐화'. ②존재하는 모든 것을 인간의 편의를 위한 사용의 기능에로 환원시키려 드는 '기능

한편 하이데거에게서 존재자의 진리가 현성하는 본질적인 방식은 예술작품만이 아니다. 그는 또 다른 진리 현성의 방식으로서 "국가를 창건하는 행위"를 언급한다.[64] 그러나 그는 이에 관해서는 별 논의를 진척시키지 않는다. 그렇지만 이 언급과 함께 '세계'를 농민이라는 공동체적 집단의 보편적 삶과 연관지우고 나아가 민족의 자기 정체성과 결부지우는 것을 주목할 필요가 있다. 박찬국에 따르면 하이데거에게서 인간 존재는 '세계', 곧 민족 공동체의 역사적 운명과 분리될 수 없다. 그 속에서 모든 개개 구성원들은 하나가 되어야 한다. 그들은 동일한 역사적 사명을 실천하여야 하고 동일한 신 앞에서 자신의 도덕적 삶을 추구하여야 한다. 그래서 그의 민족 공동체는 운명공동체이자 종교공동체이기도 하다.[65]

하이데거에게서 세계와 대지, 이제 문화와 민족 그리고 자연은 상생적 투쟁을 통해 우리의 구체적인 현실의 삶에 그 본래의 존재를 개현해 내고, 우리는 열린 태도로 환대하여 실현시켜야 한다. 그리고 예술작품은 세계와 대지의 본래적 진리를 드러내 보이는 장소이고, 우리는 그 속에 진리를 포착할 수 있으며, 포착하여야 한다. 이 당위 위에 하이데거의 윤리학이 자리 잡고 있다.

나는 이점에서 그가 '자연 신비주의'에도 깊게 연관되어 있다고 주

화'. ③존재하는 모든 것을 인간 자신의 임의적 처분의 대상으로 만들어버리려는 '대상화'. 그럼으로써 인간 이외 다른 모든 존재자는 그 자신의 고유함과 자기 자신으로 있음을 상실하게 되고, ④자연은 인간을 위한 '부품화'가 된다. 이기상(2011),「현대기술의 본질: 도발과 닦달」 참조.

64) 하이데거(1997), 607쪽.

65) 박찬국(2001), 167-8쪽, 232-4쪽.

장한다. 그리고 윌버의 자연 신비주의에 대한 또 다른 정의는 거의 하이데거적이다. 그에 의하면 자연 신비주의의 진정한 명칭은 '민족-자연신비주의'이다. 우리는 자연에 대해 경이에 찬 기쁨으로 단순히 머물러 있는, 행여 자아중심적인 감상주의(sentimentalism)에 빠져드는 '자연-숭배'의 차원에만 머물러서는 안 된다. 말하자면 민족-자연신비주의는 자연과 문화를 포괄하고 있다. 그것은 인간의 도덕적 실천과 자연의 있는 그대로의 드러남의 연합이다. 또한 그것은 "민족(문화와 도덕성)과 자연의 진아(眞我, Self)이며, 물질, 생명 그리고 문화의 신비적 통일"[66]이다. 이제 영적 차원의 세 영역, 영성의 세 가지 의미와 이 영역들이 의식의 전체 스펙트럼에서 차지하는 위상을 살펴볼 차례다.

9. 윌버의 신비주의: 네 가지 유형

윌버에 따르면 자아초월적인 초개인 영역은 네 가지로 나뉠 수 있다. (2장의 (도표 1), '의식의 기본구조' 참조. 표기되지 않은 ⑩비이원적 수준은 ⑨원인적 수준 위에 위치한다.) 반 고흐의 영적 합일의 체험은 그 가운데 하나다. 여기서 상세히 다룰 수는 없지만 이들 영역은 '심혼적(psychic) 수준', '정묘적(subtle) 수준', '원인적(causal) 수준', 그리고 '비이원적(non-dual) 수준'으로 나뉜다. 그리고 각각은 다시 차례로 '자연(nature) 신비주의', '신성(deity) 신비주의', '무형상(formless) 신

66) Wilber(2000), *Sex, Ecology, Spirituality*, p.296.

비주의', 그리고 '비이원적(non-dual) 신비주의'로 특징 지워진다.[67]

자연 신비주의는 자연 속의 모든 것들과 하나가 된 듯한 신비 체험을 의미한다. 이 체험 속에서 주체와 객체 사이에는, 즉 나와 저기 밖에 있는 전체 자연의 세계 사이에는 분리가 없다. 나아가 여기에는 자연의 여러 모습들과의 동일시(식물과의 동일시, 동물과의 동일시)로부터 모든 자연(우주의식, 세계혼)과의 동일시에 이르는 것이 포함된다.

신성 신비주의는 신의 임재를 나타내는 특성들과 하나가 되고 있음을 나타낸다. 혹은 그 이름이 무엇이든 간에 우리가 예배하는 초월적 존재로서의 '신'(God)과 대면하는 단계를 의미한다. 그래서 희열 속에서 신의 전능한 완전성과 절대성을 감응하는 순간이다.

무형상 신비주의는 공(空)의 영역으로부터 직접 솟아난다. 혹은 힌두교의 성자(聖者) 마하리쉬(R. Maharishi)를 따라 '나-나(I-I)' 혹은 주시자(the Witness)의 상태 속에 놓여 있는 경우이다. 이 체험 속에서는 전혀 아무런 대상도 의식 속에 생겨나지 않는다. 말하자면 모든 주체와 객체들은 생겨나는 것을 전적으로 단순히 멈추게 된다. 그렇다고 이 상태가 단순한 공백은 아니다. 오히려 완전한 충만성이고 해방감이라 할 수 있다. 여기서는 발생하는 '공' 그 자체는 결코 하나의 대상으로 보여질 수 없기 때문에 순수한 '공'(空)의 상태이다. 그래서 모든 대상들, 지각되는 어떤 형상으로서의 '신'마저도 지멸 속으로 사라진다.

비이원 신비주의는 무형상 신비주의를 다시 초월하면서 이르게 되

67) 이하 자세한 내용은 윌버(2005), 328쪽, 331-92쪽; 윌버(2006), 『세상에서 가장 아름다운 용기』, 10, 11장. 특히 Wilber(2000), *Sex, Ecology, Spirituality*, 8장 이하 참조.

는 영적 상태이다. 여기서는 주체와 객체로의 어떠한 분열도 일어나지 않는다. 오히려 의식과 그것의 표출은 불이(不二)이다. 본래 현실 세계는, 아니 우리의 온 우주는 우리에게 이중으로, 이분법적으로 주어져 있는 것이 아니다. 현실 세계는 즉각적으로 단 한 번 주어져 있는 것이고, 하나의 느낌이고 일미(一味)이다. 그래서 우리의 현실 체험은 우리가 그것을 분할하기 전에는 원래 이원성을 포함하고 있지 않다. 실재적 현실 체험 자체는 본래 비이원적이다. 우리는 본래 존재하는 모든 것들과 하나다.

그렇다면 반 고흐의 그림은, 나아가 하이데거의 존재 이해는 초개인 영역의 어떤 신비주의와 관련되는가? 나는 지금까지 반 고흐의 그림들에서 하이데거와 윌버를 따라 초개인적 차원의 두 영역, 자연 신비주의와 신성 신비주의의 특징들을 발견할 수 있다고 말해 왔다. 다음에서는 하이데거의 '사방(四防, das Geviert)' 개념을 매개로 두 신비주의가 밀접하게 얽혀서 서로를 보완하면서 비추며 나타난다는 주장을 검토할 것이다. 그리고 이 주장은 존재의 진리에 대한 하이데거의 사유가 그대로 반 고흐의 그림 해석에 적용될 수 있다는 의미가 될 것이다. 혹은 하이데거의 사방 개념은 반 고흐의 회화를 가로지르는 철학적 해석학이다.

10. 하이데거의 '사방세계'

이미 보았듯이 하이데거는 예술작품 속에서 세계와 대지의 상생적 투쟁을 통해 펼쳐지는 존재자의 진리에 청종하고 젖어들면서 은닉하면서도 탈은폐하는 진리 현시를 포착할 것을 권한다. 그런데 하이데거는 후기 사상에 이르러선 '세계와 대지' 대신에 '사방세계' 개념으로 사유를 확장시킨다. 다시 말해서 이제 우리는 예술작품 속에서 드러나는 사방세계에 스스로를 초연히 내맡김으로써 그 진리를 포착하여야 한다. 그래서 이젠 하이데거의 사방세계가 무엇을 의미하는지 알아야 한다.[68]

하이데거에 따르면 존재의 진리는 세계의 네 방역(防域)들이 하나로 포개져 어우러지며 생기하는 것이다. 이 네 방역들은 존재의 심연이자 밑바탕에 모여 있어 그때마다 일체 만물을 생동적으로 일깨워 존재자의 존재를 고유하게 생기하도록 하는 상생적인 관계망으로서의 세계이다. 다시 이 관계망은 역동적으로 작용하여 언제나 죽을 자로서의 우리들 각자에게 역사적으로 생기하는 것이다.

다음은 사방세계에 대해 하이데거 자신이 〈사물〉에서 적고 있는 이해이다.

> "땅은 하천, 암석, 식물 그리고 동물을 돌보고 보호하면서 건립하며 떠받치고 있는 것, 즉 자양분을 공급하며 열매를 맺게 해주는 것이다.
>
> 땅을 말할 때 우리는 넷의 하나로 포개짐에 입각[바탕]하여 이미 다른 셋을 함께 사유한다.
>
> 하늘은 태양의 운행, 달의 진행, 별들의 광채, 한 해의 계절들, 낮과 빛과 여명이며, 밤의 어둠과 밝음이며, 날씨의 은혜와 험함이며, 구름의 노닐음, 에테르의 파란 천공이다.
>
> 하늘을 말할 때 우리는 넷의 하나로 포개짐에 입각[바탕]하여 이미 다른

68) 또한 신상희(2010), 555쪽.

셋을 함께 사유한다.

신적인 것들은 신성에 눈짓하는 사자(使者)들이다. 이 신성의 은닉된 전개에서부터 신이 자신의 본질 속에 나타난다. 이 본질은 신을 현전하는 것과의 어떤 비교에서도 빼낸다.

신적인 것들을 말할 때 우리는 넷이 하나로 포개짐에 입각[바탕]하여 이미 다른 셋을 함께 사유한다.

죽을 자들은 인간이다. 인간들은 죽을 수 있기 때문에 죽을 자들이라고 불린다. 죽는다는 것은 죽음을 죽음으로서 받아들일 수 있음을 말한다. 오직 인간만이 죽는다. 동물은 끝날 뿐이다. 동물은 죽음을 죽음으로서 대면하지도 받아들이지도 못한다. … 죽을 자들은 존재의 집수처(Gebirg[산맥]) 안에 본질적으로 존재할 때 죽을 자들로서 그들인 그들이다. 죽을 자들은 존재로서의 존재를 향해 본질적으로 존재하는 관계이다.

죽을 자들을 말할 때 우리는 넷의 하나로 포개짐에 입각[바탕]하여 이미 다른 셋을 함께 사유한다."[69]

다음은 하이데거의 〈건축함 거주함 사유함〉에 나오는 내용이다.

"땅은 봉사하면서 떠받치고 잉태하며 견디어내는 자 혹은 꽃을 피우며 열매를 맺는 자이며, 산하에 이르기까지 확장되어 있고 식물과 동물에 이르기까지 퍼져 있다. 우리가 땅을 말할 때, 우리는 이미 다른 셋을 더불어 사유하나, 넷의 하나로 포개짐을 숙고하진 않는다.

하늘은 둥근 활 모양으로 태양이 운행하는 길, 늘 모습이 변화하는 달의 궤도, 별들의 떠도는 광채, 사계절과 계절의 바뀜, 낮의 빛과 여명, 밤의 어두움과 청명, 날씨의 쾌청함과 궂음, 흘러가는 구름과 천공의 푸른 깊이[쪽빛바다]이다. 우리가 하늘을 말할 때, 우리는 이미 다른 셋을 더불어 사유하나, 넷의 하나로 포개짐을 숙고하진 않는다.

신적인 것들은 신성을 눈짓으로 알려오는 사자들이다. 신성의 성스러운

69) 하이데거(2011),『강연과 논문』, 230-1쪽.

주재함으로부터 신은 그의 현재 속으로 나타나거나 혹은 그의 감춤 속으로 스스로 물러난다. 우리가 신적인 것들을 명명할 때, 우리는 이미 다른 셋을 더불어 사유하나, 넷의 하나로 포개짐을 숙고하진 않는다.

죽을 자들은 인간이다. 인간이 죽을 자들이라고 불리는 까닭은 그가 죽을 수 있기 때문이다. 죽는다는 것은, 죽음을 죽음으로서 흔쾌히 맞이할 능력이 있다는 것을 뜻한다. 인간이 이 땅 위에서, 하늘 아래에서, 신적인 것들 앞에 머물러 있는 한, 오직 인간만이 죽고 혹은 정확히 말해서 늘 죽는다. 우리가 죽을 자들을 명명할 때 우리는 이미 다른 셋을 더불어 사유하나, 넷의 하나로 포개짐을 숙고하진 않는다."[70]

하이데거는 자신의 후기 사유에서 존재의 진리가 현현하는 구체적인 양상으로서 '사방' 개념을 해명한다. 또한 그는 존재의 진리가 현성하는 장소로서 '예술작품'을 들고, 반 고흐의 그림 〈구두〉를 사례로 들어 그 진리가 스스로 드러내는 양상을 보여주는 만큼, 예술작품을 '사방'과의 연관 속에서 이해하는 것은 당연하다. 사방 세계는 네 개의 방역, 즉 '땅', '하늘', '신적인 것', '죽을 자들'로 이루어진다. 이들 네 방역이 서로를 비추고 어우러져 펼쳐보이는 '거울놀이'는 그대로 존재가 스스로를 드러내는 방식이다.[71]

하이데거의 이와 같은 해명과 이를 풀어쓰는 신상희의 묘사는 거의 반 고흐의 그림과 편지의 내용들을 연상시킨다. 또한 신상희가 네 방역 가운데 '하늘'과 '신적인 것'을 묘사하는 부분은 마치 〈별이 빛나는 밤〉

70) 하이데거(2011), 190-1쪽.

71) 이와 관련한 다양한 해명은 하이데거(2011), 특히 190-4쪽, 229-36쪽, 257-67쪽. 또한 하이데거(2010), 『숲길』의 「무엇을 위한 시인인가」, 그리고 하이데거(2006), 『동일성과 차이』의 「초연한 내맡김」 참조.

을 앞에 두고 묘사하고 있는 듯하다. "하늘은 해가 저문 다음에 주기에 따라 때로는 가냘프게 여윈 모습으로 나타나기도 하고 때로는 둥글게 가득 찬 모습으로 나타나 밤하늘을 밝히는 달이 흘러가는 길이기도 하며, 저 나름의 질서정연한 자리를 차지한 채 어둠을 수놓으며 떠도는 온갖 별들이 뿜어내는 광채"이기도 하다. 또한 "하늘은 대지 위의 만물을 두루 공평히 밝히는 빛의 은혜로움으로 경험되기도 하고 이런 만물에게 휴식의 시간을 제공하는 어둠의 은혜로움으로 경험되기도 한다." 또한 "하늘을 가리는 맑은 덮개로서의 흘러가는 구름의 변화무쌍한 모습은 존재의 무상함과 경이로움을 일깨우면서 하늘의 비밀스러움을 알려오는데, 이러한 비밀스러움은 에테르의 푸른 깊이와 관련이 있다." 그리고 "흘러가는 구름과 에테르의 푸른 깊이로서의 하늘은 그 안에 신의 현존이 스스로를 감추고 있는 신적인 것의 비밀스러운 영역"이다. 곧 하늘의 푸름은 성스러운 것으로 "성스러운 것은 에테르의 푸른 깊이를 통해 스스로를 감추면서도 이러한 푸름으로부터 비로소 빛나는 것"이다. 그래서 하늘의 현상들은 신성이 드러나는 본질 영역이기도 하다. 그러나 "미지의 신이 스스로를 보내오는 낯선 것으로서의 하늘의 현상들을 통해 그의 현재 속으로 나타난다고 해서, 이러한 나타남이 신의 본질의 완전한 탈은폐는 아니며, 오히려 미지의 신은 하늘의 개방성을 통해 스스로를 은닉하는 것으로서 스스로를 비밀스럽게 드러낼 뿐"이다.[72]

72) 이상 인용들은 신상희(2007), 180-8쪽, 209-15쪽. 하이데거와 신상희의 '사방세계'에 대한 해명은 나중에 검토할 윌버의 네 가지 신비주의 가운데 적어도 두 가지 신비주의, 곧 자연 신비주의와 신성 신비주의가 구체적으로 드러나는 방식에 대한 탁월한 제안이다.

하이데거의 '사방세계'에 대한 해명과 신상희의 해석은 나중에 검토할 윌버의 네 가지 신비주의 가운데 적어도 두 가지 신비주의, 곧 자연 신비주의와 신성 신비주의가 구체적으로 현상하는 방식에 대한 탁월한 제안이다. 또한 하이데거의 '존재' 개념이 '공(空)' 개념과 어떤 연관 관계에 있는가에 대한 논의는 아직 진행 중이다.[73]

한편 박홍규는 비록 하이데거의 미학에는 아무 관심도 없다고 썼지만 반 고흐의 그림에 대한 그의 해석은 하이데거의 '사방세계'를 이해하는 데 탁월한 예시를 제공한다. 그는 반 고흐가 그림 속에서 꿈꾼 세상과 추구하는 이념을 '아나키 유토피아(anarchy utopia)'로 규정한다.[74] 아나키 유토피아에서 '아나키'는 현실 사회에 대한 비판을 통해 모든 억압으로부터 자유로워지는 것이다. 그리고 '유토피아'는 단순한 공상의 세상이 아니라 그 자유를 바탕으로 현실 속에 실현하고자 하는 새로운 세상을 의미한다.

그 세상은 먼저 '삶의 공동체 유토피아'이다. 이것은 서로의 뜻과 마음을 함께 나눌 수 있는 새로운 인간 공동체의 실현을 추구한다. 다음으로 '자연과 문명이 생태적으로 조화를 이룬 유토피아'이다. 이것

73) 하이데거의 '존재=무=공(空)'이라는 상관성이 드러난다면 하이데거의 사유는 원인 신비주의와의 관련 속에서도 밝혀져야 할 일이다. 관련 논의로는 스태파니 외(1993), 『서양철학과 선(禪)』 참조. 한편 헴펠(H.-P. Hempel)은 서로 다른 전통에서 발원해 나온 동양과 서양의 사상에서 하이데거의 '존재' 경험과 선(禪)의 '깨달음'을 단순 비교하기는 무리가 있다고 생각한다. 하지만 그는 이 두 체험의 궁극적 일치점을 규명해야 한다고 주장하며 실제 찾아 나서고 있다. 헴펠(1995), 『하이데거와 선(禪)』, 6, 7장 참조.

74) 박홍규(2013), 『절망 속에서도 희망을』, 13, 20-1, 24, 31쪽.

은 앞서 '세계와 대지'의 상생적 조화의 탈은폐성을 존재의 본래적 진리로 파악하는 하이데거의 사유와 이어진다. 또한 이것은 윌버의 '민족-자연 신비주의'의 한 구체적 사례라는 것도 분명하다.

그런데 박홍규가 보기에 반 고흐의 '자연은 신적인 것이 존재한다는 사실의 증거'가 된다. 자연에 귀 기울여 청종하는 건 곧 신을 만날 수 있는 기회이기도 하다. 이것은 당연 신성 신비주의와 다르지 않다. 그가 "빈센트에게 자연과 신 그리고 인간은 하나"[75]라고 말할 때 우리는 당장 하이데거의 '사방세계'를 떠올리지 않을 수 없을 것이다.

11. 맺는 말: 요약

우리는 반 고흐의 〈구두〉와 그리스 신전에 대한 하이데거적 읽기, 곧 작품 속에 정립되어 있는 존재자의 진리로서 세계와 대지의 드러남을 밝혀 보려는 하이데거의 시도를 자연 신비주의로 이해하였다. 한편 우리는 반 고흐의 그림들을 이해하는 다른 한 방법으로서 샤피로적 읽기, 즉 화가의 자아의 일부로서 작품의 해석학도 검토하였다. 그러나 이 접근 방식은 자아의 개념에 한정됨으로써 반 고흐의 작품을 해명하는데 한계가 있음을 확인할 수 있었다. 말하자면 부분적으로만 타당할 뿐 그림의 심층적 차원으로 나아갈 수 없었다. 이에 나는 윌버의 자아초월적 차원들에 의거하여 자아 개념을 초월하여 접근할 것을 제안하였다.

이 접근을 통해 반 고흐의 그림이 자연 신비주의 및 그것을 넘어 영

75) 박홍규(2013), 23쪽.

원한 신과의 영적 합일을 지향하는 신성 신비주의와도 관련이 있다는 것이 이 글의 논지이다. 그리고 글의 말미에서 하이데거의 '사방' 개념을 통해 그의 진리 이해가 자연 신비주의와 신성 신비주의를 모두 내포하고 있고, 이것은 다시 반 고흐의 그림을 이해할 수 있는 중요한 시각으로 연결된다고 주장하였다.

다음 장에서는 반 고흐의 '정신병리'를 다룬다. 그는 심각한 심리적 장애를 가지고 있었고 그에 대한 진단은 나중에 보겠지만 다양한 양상을 보여왔다. 그런데 지금까지 우리가 확인하였듯이 그는 또한 영성가득한 그림들을 그리기도 하였다. 어떻게 심각한 정신병리의 고통 속에서도 반 고흐는 그와 같은 그림들을 그릴 수 있었을까? 윌버에 의하면 인간은 몸+감정+이성+영혼+영으로 이루어져 있다.

이를 2장 (도표 1)의 의식의 기분 구조와 연관지어 설명하자면, 몸(Body)은 ①감각/물리적 수준, 감정(emotion)은 ②환상/정동적 수준+③표상심 수준의 일부, 이성(reason)은 ③표상심 수준+④규칙/역할심 수준+⑤형식/반성심 수준+⑥실존적 수준 일부, 영혼(soul)은 ⑥실존적 수준의 상위 영역+⑦심혼적 수준+⑧정묘적 수준, 영(spirit)은 ⑨원인적 수준+⑩비이원 수준이라 할 수 있다. 나는 이 글 전반에 걸쳐 자주 사용하는 용어인 영성, 자아초월, 초개인은 '영혼+영'을 포괄하는 동일한 의미로 사용하겠다.

반 고흐는 특히 감정 영역에서 깊은 손상을 입었다. 그로 인해 심각한 심리적 장애를 드러내었고 고통스러운 생애를 보냈다. 우리는 그 고통과 영적 그림 사이에는 밀접한 관련이 있다고 생각한다. 다음 장은 이와 관련된 논의다.

II. 반 고흐의 고통과 희망 : 정신 병리와 영성의 관계

1. 반 고흐의 죽음

1890년 7월 29일 새벽, 빈센트 반 고흐(Vincent van Gogh)는 총상으로 인한 과다 출혈로 사망하였다. 죽기 이틀 전 프랑스 북부 오베르 쉬르 우와즈(Auvers-sur-Oise)의 한 밀밭에서 자신의 배를 향해 총을 쏘아 자살을 시도한 때문이었다. 탄환은 위장 벽에 박혔고 그는 극심한 고통 속에서 죽음을 맞이하였다. 그는 왜 자살을 시도하였을까? 그리고 자살이 목적이라면 그의 총상의 특징은 이해하기 어려운 구석이 있었다. 왜 신체의 치명적인 부위, 가령 머리나 가슴이 아니라 배를 향해서 일까? 미술사가 펠(D. Fell)은 그의 죽음이 자살이 아니라 자해 행위로 추정한다.[1]

---

1) 펠(2007), 『반 고흐, 사랑과 광기의 나날』, 278쪽. 최근의 한 전기에서는 단순 우발 사건이라는 주장도 제기되었다. 오베르에 휴가 온 파리의 부유한 청소년들과의 불화로 일어난 다툼에서 발생한 우발적 총기 사건으로 심각한 총상을 입

한편 1889년 12월 23일 밤, 반 고흐는 함께 살던 고갱(P. Gaugain)과의 갈등으로 인해 급기야 자신의 귀를 자르는 자해 사건을 일으킨다.[2] 1889년 10월 20일, 고갱이 아를(Arles)에 도착한다. 당시 반 고흐는 예술가 공동체를 만들고자 하는 자신의 바람을 실현시키고자 이상적 인물이라 여기던 고갱을 초청하였다. 물론 자신의 고독감으로부터 벗어나고자 하는 내면의 동기도 없지 않았다. 고갱으로서는 반 고흐의 동생이자 화상(畵商)인 테오(Theo van Gogh)의 지원을 거부할 수 없다는 계산이 깔려 있어 그의 제안을 수락하지 않을 수 없었다. 그러나 얼마 지나지 않아 두 사람 사이에는 그림에 대한 견해 차이로 다툼이 빈발하였고 마침내 고갱은 떠날 것을 통고한다. 반 고흐는 극심한 충격을 받은 듯하고, 그날 밤 자신의 왼쪽 귀 상당 부분을 자르는 자해 행위를 저지른다. 이것은 이전에 비해 그에게 일어난 가장 심각한 정신병리적 증상이었다. 그의 생애에서 잘못 알려진 사실과 오해가 가장 많은 부분도 바로 이 사건에서 비롯되었다. 그런데 그는 왜 귀를 잘랐을까?

반 고흐는 자신의 생애에서 일어났던 몇 번에 걸친 사랑의 상실 순간에 극심한 분리불안과 공포 속에서 특이한 행동 양상을 반복해서 드러냈다는 것이고, 방금 든 두 사건 역시 그 사례들이라 할 수 있다.

었다는 것이다. 네이페, S. 외(2016),『화가 반 고흐 이전의 판 호흐』, 940-58쪽 참조. 또한 네덜란드의 반 호브(P. van Hoeve) 감독이 2014년 만든 영화,『반 고흐: 위대한 유산』은 이 주장을 받아들여 제작되었다.

2) 이날 일어난 사건들에 관한 자세한 논의는 게이포드(2007),『고흐, 고갱 그리고 옐로 하우스』, 358-80쪽 참조.

그 심리적 양식이란 처음에 특정 대상, 곧 특정 인물에 급격하게 애정을 쏟다가 나중에 사이가 나빠져 헤어지게 되면 그 대상을 배신자나 적대자라고 생각하여 그 사람을 향해 처음에는 위협을 가하고 그런 다음 거꾸로 자신을 공격하는 방식이다.[3] 그렇다면 생애의 마지막 시기 오베르에서 어떤 일이 있었던 걸까?

1890년 5월 17일, 반 고흐는 귀를 자르는 자해사건 이후 자신이 입원하고 있었던 아를 근처 생 레미(Saint-Remy) 요양원을 나와 파리에서 동생 테오 부부를 방문하여 사흘을 보낸다. 5월 20일 다시 오베르로 옮기고 의사 가셰(P. Gachet)의 보호를 받게 되었다. 처음 가셰를 향한 그의 태도는 지극히 신뢰 깊은 것이었고 자주 그의 집을 방문하여 식구들과도 어울렸다. 가셰는 아내를 잃은 후 아들, 딸과 함께 살고 있었다. 그 과정에서 반 고흐는 그의 딸 마르게리트(Marguerite Gachet)와 가까이 지내게 되었고 서로 사랑하는 관계로 발전하고 있었다.[4] 당시 오베르에서 그린 70여점의 그림 가운데 그녀를 그렸거나 그렸을 것으로 추정되는 그림도 여러 점 전해진다.[5]

---

3) 펠(2007), 284-5쪽.

4) 리치먼(A. Richman)의 소설, 『반 고흐의 마지막 연인』(2008)은 두 사람 사이의 사랑을 다루고 있다.

5) 반 데르 베인(2011), 『반 고흐, 마지막 70일』, 132쪽, 206-7쪽 참조. 반 데르 베인은 형식주의적 해석에 집중한다. 그런데 형식주의적 해석은 반 고흐의 기법과 그의 특이한 감각적 민감성, 가령 색채에 대한 독특한 감각, 구도와 구성의 독창성에 대한 이해에 한정된다. 그 결과 해석은 그의 그림들과 편지들에 표현된 수많은 '의미들' 대부분을 외면하고 만다. 나는 반 고흐의 감각적 감수성의 독특함도 그의 의식의 다양한 심층적 차원과 연결될 때 보다 풍부하게 포착될 수 있다고 생각한다.

펠은 그 가운데 한 점, 〈두 사람이 있는 덤불〉(1890, 도판 1)을 다음과 같이 해석한다. "야생화가 흐드러지게 피어 있는 나무숲 … 한 남자와 여자가 팔짱을 끼고 숲 속을 거닐고 있다. 남자는 검은 색 높은 모자에 정장을 하고 여자는 연한 초록색 긴 가운에 모자를 쓰고 있는데, 둘 다 숲 속 산책보다는 교회 결혼식에 알맞은 복장을 하고 있다. 그림에서 잔가지 없이 곧게 뻗은 나무들은 마치 교회나 성당의 기둥과 유사해 보인다. … 한 쌍의 주인공은 팔짱을 끼고 복도를 천천히 걸어 내려오듯 걷고 있다. … 높은 모자는 신랑의 복장에 알맞다."[6] 즉 이 그림은 마르게리트를 향한 반 고흐의 결혼 소망을 표현하고 있다는 말이다.[7]

그러나 가셰 박사는 딸이 반 고흐와 가까이 지내는 것을 탐탐치 않게 여겼고 결혼은 당연히 반대하였을 것으로 보인다. 그 당시 비로소 평단의 주목을 받기 시작하였지만 미래가 여전히 불투명하였고 더욱이 비정상적 심리 상태에 놓여 있었던 그를 딸의 연인으로 받아들이지 않았을 테고 당연히 둘이 만나는 것을 방해하였을 것이다. 이는 곧 반 고흐에게 다시 한 번 자신의 자아를 뒤흔드는 '사랑의 거절'이었다.

---

6) 펠(2007), 277쪽.

7) 같은 그림에 대한 판 데르 베인의 형식주의적 해석은 다음과 같다. "반 고흐에게는 작품의 소재 자체가 중요하지 않았다. 이 그림에서 소재는 어떤 이야기를 전달하고자 하는 것이 아니라 반 고흐가 색을 어떻게 활용하는지 화가의 완숙한 기량을 보여주는 수단이다. 나무의 푸른 기둥이 노랑, 초록, 하얀 꽃이 핀 숲의 초목들 사이로 곧게 뻗어 있다. … 그러나 이 그림에서 중요한 것은 나무나 초록이 아니라 반 고흐의 색채감과 기법이다." 반 데르 베인(2011), 204쪽. 그래서 그림 한 가운데 두 연인에 관해서는 아무 말도 없다. 심지어 두 형상에 칠해진 색채나 기법에 관해서도.

그는 곧 실망과 좌절에 빠져들었고 둘 사이를 갈라놓은 장본인인 가셰를 향해 분노를 터뜨렸다. 그에게 가셰는 이제 더 이상 신뢰할 수 있는 인물이 아니었다. 다음은 테오에게 보낸 1890년 7월 10일자 편지의 일부다.

> "이제 가셰 의사 이야기인데, 엊그제 그를 만나러 갔으나 만나지 못했다. 내 생각에 우리는 절대로 가셰 의사에게 의존하면 안 돼. 우선 그는 나보다 더 병들었거나 그게 아니라면 나만큼은 병든 사람이다. 그게 그거야. 장님이 다른 장님을 데리고 다녀 보았자 결국 두 사람이 다 도랑에 빠지지 않겠니?"[8]

(도판 1) 〈두 사람이 있는 덤불(Undergrowth with Two Figures)〉(1890), 캔버스에 유화, 50x100cm

8) *Letters* 3:6.

깊은 신뢰를 바탕으로 시작된 자신의 주치의 가셰와의 관계가 만난 지 얼마 되지 않았음에도 이렇게 악화된 과정에는 어떤 심각한 이유가 있었을 것으로 추측할 수 있다. 반 고흐는 그를 적, 곧 나쁜 대상으로 간주하고 공격하고자 하였다. 7월 27일 오전, 가셰의 집에서 그를 권총으로 위협하는 사건이 벌어졌고, 이 광경을 마르게리트와 아들 폴(Paul Gachet)도 그 자리에서 목격하였다고 전해진다. 가셰가 완강한 태도를 보이고 그의 아들과 딸이 지켜보는 가운데 어쩌지 못하고 있던 반 고흐는 돌연 집 밖으로 뛰쳐나갔고 그 길로 자신에게 총격을 가해 자살을 시도하였다는 것이다. 그러나 펠은 그가 자살을 시도하였다기보다는 예전처럼 일종의 자해를 시도하였던 것이고 이번에는 그 행위가 치명적이었을 뿐이라고 주장한다.[9] 마르게리트를 향한 사랑의 좌절과 가셰 박사에 대한 배신감은 반 고흐로 하여금 다시 절망적인 퇴행으로 이끌었고 급기야 비극적인 심리적 양식을 반복하도록 만들었다는 것이다.

반 고흐의 죽음을 둘러싸고 전기 작가들이 일반적으로 제시하는 동기로서 그 당시 그와 동생 테오의 가족 사이에 일어났던 갈등 상황을 들 수 있다. 1890년 6월 30일, 반 고흐에게 편지 한 통이 날아왔다. 편지에는 조카인 어린 빈센트가 아프다는 것과 테오의 급료가 급격히 깎여서 가족을 부양하기가 어려워졌다는 내용이었다. 그는 몹시 마음이 괴로웠고 심각한 고민 속에 빠져들었다. 이 사건은 사실 그의 삶을 뒤흔들어 놓고 만다. 얼마 전 언론으로부터 비로소 장래가 밝은 예술

9) 펠(2007), 278쪽.

가로 호평을 받았고, 작업도 순조로왔으며 점차 건강도 나아지고 있었다. 그러던 중에 테오가 재정적인 지원을 끊으려 하고 있는 것이다. 그는 테오를 설득하려 파리로 갔다. 그러나 아픈 조카를 보고, 심지어 자신의 문제로 동생 부부가 다투기까지 하는 모습을 목격한 그는 그대로 집을 나와 버렸다. 만약 테오의 지원이 끊긴다면 반 고흐의 예술과 삶은 전에 없는 큰 위기에 봉착할 상황이었다.

이 상황이 반 고흐로 하여금 죽음으로 치닫게 만들었다는 것이다. 그러나 펠은 그 이후 그와 동생 부부 사이에 오간 편지들을 살펴 볼 때 재정 문제가 죽음의 결정적인 동기로 볼 수 없다고 주장한다. 제수인 요한나(Johanna v. Gogh-Bonger)는 그에게 사과 편지를 보냈고, 테오 역시 재정 지원을 계속하겠다는 의사를 표명하였다. 더욱이 특이한 점은 이런 위기 속에서도 이에 대처하는 반 고흐의 안정적인 태도였다. 예전과 다르게 벌써 충격으로 인한 심리적 이상 증세나 발작을 일으켰을 텐데 이번에는 그렇지 않았다는 것이다.

그렇다면 무엇이 그로 하여금 침착함을 유지하도록 하였을까? 펠은 마르게리트를 향한 사랑의 감정을 들고 있다.[10] 그런데 이 어려운 상황을 사랑으로 견디고 있던 반 고흐에게 가셰의 거부와 금지는 그를 다시 절망적인 퇴행으로 이끌었고 마침내 그 비극적인 심리적 양식을 반복하도록 만들었다는 것이다. 거부로 인한 사랑의 좌절을 경험할 때 그 대상을 향한 분노, 곧 공격성을 드러내다가 역으로 자신을 공격하는 심리 패턴을 다시 반복한 것이다. 따라서 우리는 그의

---

10) 펠(2007), 283쪽.

비정상적인 심리적 행동 양식을 이해할 때 그림에서 나타나는 장면들에는 너무나 가슴 아픈 사연들이 내포되어 있으며 그러한 맥락에서 그림들을 이해할 수 있다. 그러나 우리는 그의 다른 그림들에서 자연과 신을 향한 영적이고 초월적인 지향 역시 감응하지 않을 수 없었다. 그렇다면 반 고흐의 비정상적인 심리와 그림에 나타나듯이 사랑을 향한 반 고흐의 소망 그리고 영적 차원을 어떻게 병존시킬 수 있을까?

2. 정신병리와 영성

나는 이미 앞글에서 반 고흐의 작품 〈구두〉(1886)와 〈까마귀가 나는 밀밭〉(1890)을 통해 그의 작품이 자아초월적이고 초개인적인 의식 상태를 현시하고 있음을 주장한 적이 있다. 말하자면 그의 작품은 공동체 및 자연과의 합일 의식을 드러내는 자연신비주의와 신과의 영적 대면(합일)을 드러내는 신성 신비주의와 관련 있음을 주장하였다. 그런데 우리는 앞서 펠을 통해 반 고흐가 정신 질환을 앓았던 환자였으며 그래서 몇 번에 걸친 이해하기 어려운 자해 행위를 저질렀고 종국에는 자살로 추정되는 죽음으로 생을 마감하였다는 것을 알게 되었다. 그렇다면 심각한 심리적 장애 상태에 있었던 그가 어떻게 고차적인 신비적 의식 상태에 이르렀고 또한 그 상태를 나타내는 작품을 생산할 수 있었을까? 혹은 인간의 의식은 어떻게 한편으론 비정상적이고 병리적인 심리 상태임에도 불구하고, 다른 한편으로 자아초월적 신비체험, 곧 반 고흐에게서는 자연 및 신과의 합일 체험을 할 수 있는가? 나아가 영성(spirituality) 차원의 의식 상태를 가진 그가 어떻게 비정상적 심리 양식을 극복하는데 그토록 어려움을 가지는 걸까? 요컨대 인간의 비정상 심리 상태와 자아초월적 의식, 곧 영성은 어떤 관계인가? 그리고 그는 어떻게 그림 그리기를 통해 자연 신비주의와 신성 신비주의를 나타낼 수 있었을까?

이어서 매슬로(A. Maslow), 나아가 윌버(K. Wilber)를 참고하여 비록 반 고흐가 비정상적 심리 상태에 놓여 있다하더라도 특이한 체험, 곧 '절정체험(peak experience)'을 통해 자아초월적인 영역과 접속할 수 있음을 밝힘으로써 이 글의 주제에 접근할 것이다. 그리고 의식의 전체 스펙트럼을 배경으로 그의 병리적 심리 상태와 영적 상태가 각각 의식의 어느 차원에서 발현하는지 보여줌으로써 주제를 다시 강조할 것이다. 끝으로 윌버를 따라 인간의 자기 발달의 서로 다른 '계열(line)'을 가정함으로써 심리적 자기의 발달과 영혼 및 영적 자기의 발달을 각각 구분할 것이다. 그럼으로써 심리적 발달과 영혼의 발달 간의 차이로 말미암아 반 고흐를 포함하여 예술가들이 (나아가 인간이) 다양한 상징들 속에서 초개인적 차원의 존재를 현시할 수 있음에도 자신의 일상적인 문제들에 직면해서는 취약할 수 있는지 이해할 수 있다고 생각한다.

이 글에서는 먼저 〈별이 빛나는 밤〉(1889)을 통해 다시 반 고흐의 작품에 내재된 영적 체험을 부각시킬 것이다. 이 그림에 대한 샤피로의 해석에 내포된 전제, 곧 반 고흐가 정신분열증을 앓았고, 이 질병으로 인한 광기어린 천재성이 그림의 고유한 특징들에 영향을 주었다는 신화를 비판하면서 에릭슨(K. Erickson)이 제시하는 종교적 해석을 다시 검토할 것이다. 말하자면 〈별이 빛나는 밤〉에서 그의 종교적 견해뿐만 아니라 실제 그의 영적 의식 상태가 그대로 울려나오는 감동을 다시 확인하고자 한다. 그럼으로써 신성신비주의의 한 가능성이 다시 설득력을 얻는다고 생각한다.

이 글에서 우리가 답하고자 하는 의문은 다음과 같다. 정신질환을 앓으면서 반 고흐는 어떻게 자아초월적 의식 상태를 작품 속에 투영할 수 있었을까? 정신적 장애와 혼란 속에 놓여 있으면서도 자연과 신과의 합일 상태를 경험하는 것은 어떻게 가능한가? 어떻게 그와 같은 상태가 프로이트(S. Freud)가 부정하였듯이 유아 시절, 어머니와의 공생 단계로 단순히 퇴행하는 것이 아니라 초월적 상태인가?

다음으로 반 고흐의 정신 질환에 대한 비교적 설득력 있는 진단들을 살필 것이다. 그러나 이들 진단들 사이에 의견들이 서로 상충한다는 것을 발견할 수 있다. 이들 가운데 반 고흐가 '경계성 성격장애(borderline personality disorder)'와 조울증을 앓았다는 주장에 무엇보다 눈길이 가지만 어느 의견이 가장 타당성이 있는지 검토하는 게 이 글의 목적은 아니다.[11] 단지 반 고흐의 정신병리를 다루는 지배적인 의견을 부각시키고, 그 병리의 원인을 다각도로 추정하는 데 집중할 것이다. 그리고 그의 병리의 심각성에 주목하고, 그럼에도 불구하고 그

11) 최근 암스테르담의 〈반 고흐 미술관〉에서 '광기의 경계선에서'라는 주제로 반 고흐의 정신질환에 주목한 전시에 맞춰 열린 미술 및 의료 전문가 토론에서 "반 고흐, 사망 18개월 전 조울증이나 경계성 인격장애"로 추정되었다. 2016, 09, 17, "KBS 뉴스" 참조.

가 어떻게 자아초월적 의식의 (회화적) 표현이 가능했는지를 살피는 것이 우선이기 때문이다. 그럼으로써 반 고흐의 자해 행위와 자살의 동기는 비정상 심리 상태와 연관된 것으로 이해할 수 있다. 그러나 그의 작품에서 울려나오는 자연을 향한 신비적 체험과 종교성은 병적 증후가 아니라 그 자신의 독특한 의식 상태의 반영이며 회화적 양식과 기법의 특징은 어떤 정신병리적 증상의 표현이라기보다는 그 증상을 극복하려는 영적 변성 상태와 연관된 미학적 태도의 변화에서 비롯된 것이라 할 수 있다.

3. 〈별이 빛나는 밤〉과 영성

〈별이 빛나는 밤〉(1889, 도판 2) 속으로 들어가 보자. 짙고 푸른 밤하늘이 화면의 거의 4분의 3을 차지하고 있다. 하늘에는 거대한 대기의 흐름들이 소용돌이치고 있고, 크고 작은 많은 별들이 노랑과 연두의 동심원을 계속 그리며 빛나고 있다. 양 끝이 거의 붙을 듯 초승달이 주황의 광채를 발산하고 있는데 마치 보름달의 형태를 갖춘 듯하다. 비록 그림을 통해서이지만 순간 자아는 간 곳 없어지고 저 광대한 밤하늘만이 가슴 벅차게 경계 없이 존재하고 있다는 느낌이 들고, 나아가 그 배후에서 어떤 초월적이고 신적인 것이 스스로를 드러내지 않음에도 역설적으로 그 존재가 자신을 강렬하게 알리는 듯하여 순간 그에 감응되지 않을 수 없다.

그 신비로운 체험의 희열에 찬 순간을 표현하기 위해 반 고흐의 붓

(도판 2) 〈별이 빛나는 밤(The Starry Night)〉(1889), 캔버스에 유화, 73x92cm

질은 차별적이 되지 않을 수 없었을 것이다. 즉흥적이고 격정적인 붓놀림, 물감을 듬뿍 묻히고 짧게 연속적으로, 때로는 비틀어지고 때로는 휘몰아치듯 하는 터치들. 그 앞의 우리에게 어떤 울림이 즉각 전율처럼 퍼져 나온다.

그림을 좀 더 차분히 바라보도록 하자. 화면 아래에는 마을과 교회가 보인다. 그런데 마을의 집들에는 여기저기 노란 불빛이 켜져 있지만 첨탑의 교회는 불이 꺼져 어둠에 싸여 있다. 마을 뒤로 멀리 알필산(the Alpilles Mountains)이 넘실거리듯 화면을 가로지르며 산세를 펼치고 있다. 한편 그림 좌측의 사이프러스 나무는 하단에서 마치 진한 녹색과 갈색의 불길처럼 위로 치솟아 하늘을 가로질러 거의 화면

상단까지 다다른다.

〈별이 빛나는 밤〉은 반 고흐의 자전적 작품에 다름 아니다.[12] 말하자면 네덜란드 교회에서 체험한 기성 제도와 관습의 위선과 무지에 대한 저항과 비판에서 출발하여 자연 속에서 하느님을 만나 승리를 거두기에 이르는, 그의 영적 여정이 현시되어 있다는 것이다. 다시 그림을 보도록 하자. 첨탑의 교회는 그가 당시 머물렀던 남프랑스 지방의 교회가 아니라 네덜란드의 교회이며 마을의 다른 집들과는 달리 불이 꺼져 어둠에 싸여 있는 것은 앞서 언급하였듯 성직자들의 공허하고 무지한 설교들로 가득한 기성 교회에 대한 비판의식이 투영되어 있다.[13] 나는 여기서 더 나아가 종교의 진정한 지향성은 자연과 신적인 것의 자기현시와 만나는 데 있음을 암시한다고 생각한다.

사이프러스 나무는 지중해 연안에서 전통적으로 슬픔과 불멸을 상징하는 나무였다.[14] 그것은 다시 반 고흐에게서 다른 삶의 영역에 다가가는 효과적인 수단, 곧 죽음을 상징하는 기차 같은 교통수단으로서 받아들여졌고 우리를 저 밤하늘의 별까지 데려다 줄 상징적 도상이었다.

---

12) 에릭슨(2008),『영혼의 순례자 반 고흐』, 308, 315쪽.

13) 반 고흐가 보기에 기성의 성직자들은 엄격한 도덕적 잣대를 들이밀며 회개와 복종만을 강요하고 진정으로 억압받는 빈곤한 노동자, 농민들의 외침을 외면하며 오히려 부르주아의 삶의 방식만을 옹호하는 제도 종교에 기생하는 자들이었다. 박홍규(2013),『절망 속에서도 희망을』, 23-4쪽.

14) 선드(2004),『고흐』, 257쪽.

> … 별이 반짝이는 밤하늘은 늘 나를 꿈꾸게 한다. 그럴 때 묻곤 하지. 왜 프랑스 지도 위에 표시된 검은 점에게 가듯 창공에서 반짝이는 저 별에게 갈 수는 없을까? … 타라스콩이나 루앙에 가려면 기차를 타야 하는 것처럼, 별까지 가기 위해서는 죽음을 맞이해야 한다. 죽으면 기차를 탈 수 없듯, 살아 있는 동안에는 별에 갈 수 없단다. … 늙어서 평화롭게 죽는다는 건 별까지 걸어간다는 것이지.[15]

> 지상에 머무르는 동안 지도 위에 검은 점으로 표시되어 있는 마을이나 도시에 직접 가볼 수 있는 것처럼, 어쩌면 나비가 화가로 활동하고 있는 무수한 별이 있을지도, 그리고 죽은 후에는 우리도 그곳에 갈 수 있게 될지도 모르지 않겠나.[16]

그리고 〈별이 빛나는 밤〉을 그리기 얼마 전 테오에게 보낸 한 편지에서 이 그림에 대한 계획을 설명한 뒤 "그 그림은 종교-감히 이런 말을 써도 될는지 모르겠구나-를 간절하게 필요로 하는 것을 막지 못한다. 그러면 나는 밖으로 나가 별을 그리지"[17]라고 쓰기도 하였다. 그렇다면 반 고흐에게 '별'과 '죽음'은 어떤 의미일까? 그러나 무엇보다 그림의 분위기를 결정하는 요소는 환히 빛나며 고동치는 하늘이다. 그렇다면 '하늘'은 또 어떤 의미인가?

그에게서 별은 죽음 이후의 새로운 삶을 살 수 있는 영역으로서 영혼의 불멸성과 연결되어 있다. 그리고 미래에 대한 희망과 죽음 이후의 변화 가능성, 곧 무한성 속의 삶, 영원과 이 세상 이후의 고결한 삶

15) *Letters* 2:605.

16) *Letters* 3:496.

17) Schapiro(1979), *Modern Art: 19th and 20th Centuries*, p.95에서 재인용.

을 살 수 있는 곳이었다.[18] 죽음은 단순히 생물학적 삶의 끝이라기보다는 고통스런 이 땅에서의 삶으로부터 영생의 삶으로 나아가는 통로였다.

하늘, 곧 천체는 무한이나 무한의 존재, 곧 신과 하느님을 상징하였다.[19] 짙은 파란색의 거대하고 거친 하늘은 반 고흐에게서 예술가의 순례의 궁극적 목표인 영원한 것(the infinite)을 상징한다. 사실 그에게 파란색과 하늘 이미지 자체가 곧 영원성(infinity)을 자아내는 것이었다.

> 그림을 완성하기 위해서 나는 이제 자의적인 색채주의자가 되려고 한다. … 영원성의 느낌을 줄 수 있도록 내가 만들어 낼 수 있는 한 가장 선명하고 강렬한 파란색으로 배경을 칠할 것이다.[20]

> "하늘은 인간이 결국 하느님이라고 부를 수밖에 없는 그 무엇이지. 하늘에는 영원함이 있다."[21]

에드워즈(C. Edwards)에 따르면 반 고흐는 폭풍우 치는 하늘에 대해 특이한 정서를 지녔던 듯하다. 그는 비바람과 폭풍우의 날씨가 갖는 분위기를 좋아 하였으며 그 속으로 걷는 일이 얼마나 그 자신을 차분하게 만들면서도 흥분시켰는지를 고백하고 있다.[22]

이처럼 하늘과 만나는 특이한 순간, 반 고흐의 의식에는 어떤 일이

---

18) 에드워즈(2007), 『하느님의 구두』, 111쪽.

19) 에릭슨(2008), 312쪽, 317쪽, 319-20쪽.

20) *Letters* 3:6.

21) *Letters* 3:445.

22) 에드워즈(2008), 132-3쪽.

일어나고 있는 건가? 어떤 초월적인 존재, 하이데거의 용어로 '신적인 것'이 스스로 드러나는 사건이 일어난 순간이 아닐까? 물론 그 자연적 현상 자체가 신, 또는 하느님이란 말은 아니다. 그 현상 배후에서 신적인 것이 스스로를 은닉하면서도 드러내는 특이한 현성 방식이 존재한다는 말이다. 다시 말해서 자연과 대지가 순간순간 생기(生起)하는 사건을 통해 스스로를 알려오는 한편, 그 배후에서는 또한 신적인 것이 스스로를 은닉하면서도 자신의 존재를 알려오는 것이다. 그리고 이 모두를 인지하고 포착할 수 있는 인간은 그 사건 혹은 순간에 감응함으로써 자연과 신적인 것을 대면하게 되고 하나로 생성, 합일(合一)하는 것이다.

> "별빛이 비치는 이 거대한 둥근 하늘 아래, 결국 신이라고 부를 수밖에 없는 이 세상 위에 있는 영원을 본단다."[23]

에릭슨에게서 〈별이 빛나는 밤〉은 신앙을 통해 저 너머 초월적 세계에 도달하려는 인간의 시도를 나타낸다 하겠다. 이는 영적 순례가 완성되어 자연과의 신비로운 합일과 그 배경 속에서 스스로를 감추면서도 드러나는 영원한 신과의 결합이라는 신비주의적 소망이 이루어졌음을 뜻한다. 다음은 동료화가 베르나르(E. Bernard)에게 보낸 편지의 일부다. "과거의 단편적인 기억은 아직도 나를 황홀하게 하며 영원한 것에 대한 동경을 갖게 한다네. … 언제쯤이면 늘 마음속으로 생각하고 있는, 별이 빛나는 밤을 그릴 수 있을까? … 압도될 것 같은 자연

23) 박홍규(2013), 『절망 속에서도 희망을』, 15쪽에서 재인용.

의 아름다움과 표현할 수 없을 것 같은 완벽함 앞에서 아무리 큰 무력감을 느끼더라도 우선 시작은 해야겠지."[24]

다음 절에선 반 고흐가 어떤 질병을 앓았는지를 좀 더 구체적으로 살피고자 한다. 말하자면, 몇 번에 걸친 자해 행동과 자살을 설명할 수 있는 가능성을 보여주는 심리적 장애에 관한 여러 논의를 개관함으로써 이 글에서 다룰 주제를 다시 부각시키고자 한다. 정상적이든 병리적이든 간에 우리의 심리적 상태와 영적 상태 사이의 관계를 규명하기 위해서고 이 관계에 내포된 문제의식을 드러내기 위해서다.

4. 반 고흐의 정신병리

4.1 샤피로의 〈별이 빛나는 밤〉

샤피로(M. Schapiro)에게 〈별이 빛나는 밤〉은 〈까마귀가 나는 밀밭〉(1890) 역시 그러하였듯이 정신적 질곡으로부터 안정을 얻고자 하는 자신의 소원의 표현이었지 종교나 신성한 것과 관련된 알레고리가 아니었다.[25] 그래서 그림 속 하늘의 풍경을 묵시록의 한 장면으로 읽고, 첨탑의 교회도 반 고흐 자신의 외골수적이고 고독한 감정을 나타내는 사이프러스 나무에 가려 그 상징적 의미를 잃어버리고 만다. 샤피

24) *Letters* 3:492.

25) Schapiro(1979), p.95.

로에게서 반 고흐의 종교성은 심리적 혼란 상태를 강조하려는 의도에 의해 또 다시 그 의미를 상실하고 만다.

샤피로의 이러한 해석은 야스퍼스(K. Jaspers)가 반 고흐의 작품 연구를 통해 내린 진단에 근거한다.[26] 야스퍼스에 따르면 그는 정신분열증으로 추정되는 진행성 정신착란증을 앓았다. 발병 시기는 1887년이고, 병의 실체가 확연히 드러난 계기는 1888년 12월 자해소동, 즉 아를에서 고갱과 다툰 뒤 자신의 귀를 자른 사건이었다. 그 후 정신질환은 악화되고 그의 작품에는 극적인 변화가 생겨났다고 주장한다. 말하자면 이 병이 그의 예술적 취향의 변화 및 창조적 영감과 밀접한 관련이 있다는 것이다. 사실 야스퍼스는 반 고흐의 예술이 정신적 장애의 산물인 것처럼 이야기하기도 하였다. "정신질환이 발발한 바로 그 시점에서 놀랍도록 신속하게 '새로운 양식'을 선보였다는 것은 … 우연의 일치라고 하기에는 좀 이상하다. … 정신착란증 덕택에 … 새로운 예술이 탄생했다. 정신질환이 아니었으면 그런 일은 결코 일어나지 않았을 것이다." 또한 작품에 대해서도 부정적이었다. "그림이 전보다 조잡해 보이고 세부 묘사도 엉망이다. … 아무런 의미가 없는 에너지, 아무 것도 표현하지 않는 좌절과 전율이다. 새로운 '의미의 구성'은 없다."[27]

한편 야스퍼스에 의하면 반 고흐는 정신분열증 환자로서는 특이하게도 자신의 병을 잘 알고 있었다고 지적한다.[28] 그는 자신의 병에 대

---

26) 에릭슨(2008), 212쪽.

27) 이상 인용은 에릭슨(2008), 215쪽. Erickson(1998), pp.112-3.

28) Schapiro(1979), p.92. 에릭슨(2008), 218쪽.

해 의연한 태도를 지녀 스스로 대처하려는 적극성, 꾸준한 자기 관찰, 통제를 위한 노력을 보여주었다. 자신의 발작을 스스로 예견하고 절망으로 파멸하기 전에 예방 조치를 취할 수 있는 지적 능력을 가지고 있었다는 것이다. 샤피로는 야스퍼스의 이러한 분석을 토대로 그의 작품에서 나타나는 구성상의 특징들과 선택된 회화적 대상들에 대한 그의 반복된 집착을 이해하고자 한다.

샤피로가 보기에 반 고흐는 영감어린 광인(狂人)이며 그의 창조성은 그의 불행한 정신 상태에서 비롯한다. 그렇지만 동시에 그는 자신의 질병으로 인한 비극적 파멸에 저항하고 이를 극복할 수 있는 적극적이고 객관적인 지성을 동시에 갖추고 있었기에 이 양립하기 어려운 심리 상태가 복합적으로 그림 속에 투영되어 나타났다는 것이다.

반면 에릭슨에 따르면 야스퍼스의 진단은 오진이었다. 먼저 정신분열증 환자의 가장 뚜렷한 징후가 바로 현실과 망상을 구분하지 못한다는 점이다.[29] 정신분열증 환자는 환청(幻聽)과 환시(幻視)를 식별하면서도 진작 환각 경험에 사로잡힌 줄을 모르고, 정상적인 행동과 비정상적인 행동을 구별하지 못하기 때문에 자기를 환자라고 생각하지도 않는다. 그러나 반 고흐는 자신이 앓고 있는 병이 어떤 것인지 제대로 알고자 하였으며 병에 대처하는 의연한 태도는 정신분열증 환자에게서는 거의 볼 수 없는 모습이다.

에릭슨은 반 고흐의 병이 대뇌 측두엽 부위의 손상으로 인한 기능장애에서 비롯된 '정신운동성 뇌전증(雷電症, 일명 간질(癎疾))'이었

29) 에릭슨(2008), 218-9쪽.

다고 주장한다.[30] 이 질환과 정신분열증은 여러 가지로 유사한 병이다. 일례로 정신분열증 환자와 이 환자는 공통적으로 정신착란 증세가 몇 차례 나타난 후 소강기가 이어진다. 그러나 이 병증과는 달리 정신분열증 환자는 소강기에도 현실과 단절된 상태가 계속되며 사회생활도 불가능하다. 그리고 소강기에도 정신분열증의 특징을 그대로 드러낸다. 반 고흐는 발작 전에 전조를 느끼며 의식을 잃지만 정신분열증에는 이러한 증상들이 반드시 수반되는 것은 아니다. 또한 그가 경험한 환청도 정신분열증 환자와는 달리 자신의 환청이 진짜라 믿지도 않았고 그것이 비정상적인 현상이라는 사실도 똑똑히 알고 있었다. 그에게선 오히려 일관성 있고 차분하며 눈앞의 일에 확실히 집중하는 사람의 모습이 관찰되었다. 그는 이 소강기에 자신의 작업에 몰두할 수 있었던 것이다. 따라서 그가 정신병적 환각에 사로잡혀 광기어린 상태로 그림을 그렸다는 생각은 그릇된 통념에 불과하다. 그는 이 소강기에 되도록 마음이 안정되면 그림을 완성하려고 노력했으므

30) 에릭슨(2008), 220쪽. 스위트먼과 게이포드는 이 진단에 반대한다. 그들이 보기엔 반 고흐는 전형적인 양극성 장애(조울증) 환자이다. 게이포드(2007), 411쪽. 스위트먼(2014-1),『세상의 모든 것을 사랑한 화가 1』, 178, 209쪽. 또한 에릭슨은 자신의 진단의 원인에 대해선 추적하지 않는다. 증상 발현의 특징들을 미루어 그와 같은 판단을 내린다. 유전에 원인을 돌리지도 않으므로 정확한 원인을 내리긴 어려울 것이다. 반 고흐가 독한 술인 압생트를 많이 마셨다거나 붓을 입으로 빠는 습관으로 인한 납중독, 성병의 영향, 무엇보다도 가난으로 인한 영양 부족과 과로 등이 중첩됨으로써 빚어진 뇌의 측두엽 손상을 추정할 수는 있다. Bogousslovsky를 비롯한 몇몇 신경학 권위자들 역시 임상적 증거의 부족으로 어떤 유형의 뇌전증 진단에도 반대하며, '양극성 정서 장애', 일명 '조울증'으로 진단한다. Bogousslovsky외(2010),『천재 예술가들의 신경질환』, 200-2쪽.

로 그의 병이 예술적 구성이나 기법, 양식에 직접적인 영향을 주었다고 볼 수는 없다. 요컨대 그는 정신분열증 환자가 아니라 측두엽 손상으로 인해 기능상의 문제가 일으킨 뇌전증 환자였다는 것이다. 그는 자신의 병증에 대해 잘 알고 있었으며 병에 대한 불안과 공포를 극복하기 위해, 그리고 위안과 기력을 다시 회복하기 위해 자신의 종교인 기독교 신앙에 더욱 의존하였던 것으로 보인다. 그래서 그의 병은 회화적 양식보다는 그 주제나 내용 선택에 더 큰 영향을 주었다고 보아야 한다.

다음 절에선 반 고흐가 어떤 질병을 앓았는지를 좀 더 구체적으로 살피고자 한다. 말하자면 몇 번에 걸친 자해 행동과 자살을 설명할 수 있는 가능성을 보여주는 심리적 장애에 관한 여러 논의를 개관함으로써 이 글에서 다룰 주제를 다시 부각시키고자 한다. 이는 병리적인 심리적 상태와 영적 상태를 구분하고 이 양자 사이의 상관관계를 규명하기 위해서며 이 관계에 내포된 문제의식을 드러내기 위해서다.

4.2 측두엽 기능장애와 내생적 우울증 그리고 양극성 정서장애

에릭슨은 반 고흐의 정신질환에 대해 지금까지 내려진 진단들을 검토한 뒤 최종적으로 그가 대뇌 측두엽 기능 장애로 인한 정신운동성 뇌전증과 내생적 우울증을 앓았다고 주장한다. 말하자면 이 진단이 그가 자신의 귀 일부를 자른 사건과 자살을 가장 타당성 있게 해명해준다는 것이다. 귀를 자른 사건은 측두엽 손상에 의한 뇌전증으로 인해 발생한 것이고, 자살은 내생적 우울증이 원인이라는 것이다.

그가 정신 질환을 앓았다는 기존의 견해는 크게 세 가지로 분류할 수 있다.[31] 첫째는 정신분석학적이고 심리학적인 접근으로 그가 정신분열증이나 조울증에 걸려 있었다는 진단이다. 둘째는 측두엽 손상에 의한 정신운동성 뇌전증이라는 분석이다. 세 번째는 최근에 등장한 견해로서 반 고흐가 생리심리학적 요인에 의해 발작성 정신병적 행동장애를 드러냈다는 추측이다.[32]

우리는 여기서 정신분열증과 생리심리학적 요인에 의해 유발된 다양한 정신장애들에 대해서는 다루지 않는다. 전자는 이미 간략하게나마 언급하였기 때문이고 후자는 대체로 그 병증을 입증할 임상적 증거가 빈약하기 때문에 최근에는 거의 받아들여지지 않는다.

에릭슨에 따르면 반 고흐에게 측두엽 손상으로 인한 뇌전증으로 인해 발현된 증상은 게슈빈트 증후군(Geschwind's syndrome)과 연관된다. 이것은 과잉 종교증(hyperreligiosity), 성욕 감퇴증(hyposexuality), 발작적 공격성(episodic aggression), 글쓰기 중독(hypergraphia)과 같은 증상을 보인다. 이들 증상은 거의 평생 동안 그를 괴롭혔으며 생애의 마지막에 해당하는 1886년부터 1890년까지는 특히 심했던 증상들이었다. 당시 그를 담당하였던 의사 세 명이 모두 뇌전증 진단을 내렸고, 기록에 나오는 증상과 병력을 연구한 이후의 학자들 역시 당시의

31) 에릭슨(2008), 206쪽.

32) 예를 들어 디지탈리스 중독(digitalis toxicity), 트존 중독(thujone addiction), 매독성 치매, 메니에르 증후군(Meniere's syndrome)이라 일컬어지는 내이(內耳) 장애, 급성 간헐성 포르피린증 등이다. 생리학적 주장에 관한 상세한 논의는 에릭슨(2008), 221-9쪽 참조. 이들 진단 역시 임상적 증거의 부족으로 이젠 받아들여지지 않는 추세다.

진단이 옳고 그가 정신분열증을 앓았다는 야스퍼스의 견해가 틀렸다고 단언하고 있는 실정이다.[33]

그렇다면 반 고흐는 실제로 측두엽 기능장애로 인한 증상을 보였는가? 그는 발작 중에 일어난 일을 그 후에는 전혀 기억하지 못하는 재발성 기억상실증을 보여주었으며 그에게서 카페인 중독은 금욕적 생활의 일부였다. 카페인을 통해 얻은 도취감 덕분에 음식과 수면이라는 신체적인 욕구를 억누르면서 정열적으로 일할 수 있었다. 한편 병세가 심각해짐에 따라 그는 점점 종교에 심취해 갔다. 자기가 앓는 병이 종교적인 환희를 불러일으키는 성격이 있으며 때때로 격정과 예언자적 광기로 몸부림치는 순간이 찾아왔다는 것이다. 측두엽에 이상이 있는 사람은 광적인 신앙을 갖는 경우가 많으며 종교적인 성격을 띤 특별한 환청이나 환시를 체험하기도 하는데 이는 그에게서 나타나는 전형적인 증상이었다. 그러나 보다 최근의 신경학적 논의에 따르면 게슈빈트 증후군과 정신병적 삽화들은 오히려 양극성 정서장애의 주요 증상에 더 부합된다.[34]

그런데 여기서 에릭슨의 견해는 새로운 의문을 제기한다. 그녀에게서 반 고흐의 그림에 나타나는 종교적이고 영적인 차원은 먼저 게슈빈트 증후군 가운데 하나인 '과잉 종교증'의 발현이라는 의미가 되지 않는가? 그가 영적 주제를 다룬 것은 실제 그의 영적 체험과 연관된

---

33) 에릭슨(2008), 220-1쪽 참조. 반 고흐의 병을 '양극성 정서장애'로 보는 견해에 따르면 이 모든 특정 증상들이 이 병과도 연관이 있다. 게이포드(2007), 409-13쪽 참조.

34) Bogousslovsky 외(2010), 200쪽.

것인가? 아니면 병리적 증상의 회화적 표현인가? 이 점에서 에릭슨의 입장은 선명하지 못하다. 이 질문 자체가 그의 관심으로 부상하지는 않기에 관련된 논의를 하지 않기 때문이다. 이 의문을 그대로 두면 반 고흐의 그림들 속에 표현된 영적 이미지는 샤피로의 주장처럼 다시 정신병리의 증상들의 회화적 표현이 된다.

그렇지만 추정해 보자면 그가 현실 속에서 자신의 정신병리를 극복하고자 기독교 신앙에 의존하였고, 그것에 과잉종교증이 더해짐으로써 그림들에 종교적 특성들을 보여주는 상징들이 지배적으로 표현되었다고 생각된다. 그렇다면 영적 또는 자아초월적 체험은 병리적 증상의 결과인가? 아니면 그와 구분되는 별개의 다른 체험인가?

나는 이를 구분짓고자하며, 자신의 질병을 초월하고자 하는 바람이 영적 차원의 체험을 추동하게 만들었다고 생각한다. 따라서 병리적인 종교적 체험과 자아초월적 체험은 서로 다르다. 그리고 우리는 이 차이에 대해서는 이미 앞서 언급한 글에서 다루었다. 말하자면 병리적 장애로 인한 표상들과 영적 표상들이 비록 반 고흐의 경우에선 '병행'하여 나타나지만 이들은 서로 다른 현상들이며 따라서 구분되어야 한다. 그래서 우리의 질문은 여기서 다시 제기된다. 이미 말하였다시피 어떻게 심리적 장애 상태에도 불구하고 자아초월적인 체험은 가능한가? 그리고 그의 예술적 창조성은 이 체험을 어떻게 성공적으로 표현할 수 있었을까?

한편 펠과는 달리 에릭슨은 반 고흐의 죽음을 자살로 받아들인다. 그렇다면 그는 무엇 때문에 자살했느냐는 것이다. 초기엔 정신분열증에서 비롯된 정신 착란으로 알고 있으나 사실 앞서 말했듯 그는 미치광이가 아니었으며, 일종의 생물학적 원인의 뇌질환을 앓고 있었고 자해 소동도 그 때문에 벌어진 일이라는 것이다. 그렇다면 그는 왜 자살을 했을까? 자살의 원인은 일생동안 그를 괴롭혔던 심각한 우울증에서 찾아야한다는 게 에릭슨의 주장이다.

반 고흐는 일생 동안 내생적 우울증의 대표적 증상을 여섯 가지 이상 꾸준히 경험하였다. 내생적 우울증의 대표적 증상들은 다음과 같다; ①식욕 부진과 체중 저하, ②수면 장애, ③정신운동성 지체 또는 흥분, ④성욕 감퇴, ⑤무기력과 피로, ⑥자책감, 자신이 쓸모없다거나 죄인이라고 느낌, ⑦우유부단한 행동, 기억력이 저조하고 집중력이 떨어짐, ⑧죽음이나 자살에 관한 생각 또는 자살 시도. 이러한 증상들은 그가 평생에 걸쳐 겪었던 위통, 불면증, 자신이 무가치하다고 느끼는 경향 등과 관련이 있다.[35]

반 고흐가 쓴 편지는 하나같이 분위기가 어둡고 슬픔이라는 단어가 빈번하게 등장하여 그의 울적한 기질을 보여준다. 신앙도 우울한 성격을 띠었다. 그의 우울증은 때로는 너무 범위가 넓고 정도가 심각해서 기력을 소진시킬 지경이었다. 병리적 우울증은 반응성 우울증으로서 오랜 무기력과 절망의 시기를 거친다. 기분이 급변하는 일이 자주 있었다기보다는 평생 동안 침울한 기분과 씨름했다고 하는 것이 사실에 가까울 것이다. 내생적 우울증을 앓는 사람이 자살하는 경우가 더 많다.

반 고흐 가족에게서도 내생적 우울증 성향이 있었다는 명백한 증거가 확인된다. 생물학적 원인을 살펴보면 노르아드레날린, 세로토닌,

---

35) 에릭슨(2008), 278쪽.

도파민 등 바이오제닉 아민(biogenic amine) 부족증을 보인다. 보통 사람들보다 기쁨을 적게 느끼며 어두운 시기를 자주 경험하는데 반 고흐는 평생 음울하고 진지하게 살면서 더 나은 내일을 향한 희망을 놓지 않으려고 최선을 다해 분투하였다. 그에게서 자살은 불행하고 힘겨운 삶을 끝내기 위한 마지막 행동에 불과하였다.

이상의 긴 논의 끝에 에릭슨은 반 고흐가 귀를 자른 사건의 원인은 측두엽 기능 장애로 인한 뇌전증으로, 그리고 자살의 원인은 집안의 유전적 내력이라 할 수 있는 바이오제닉 부족증이 원인인 내생적 우울증으로 결론짓는다. 다시 말해서 자신의 의지와는 무관하게 신체적이고 생물학적인 결함 때문에 운명적으로 갖게 된 질병을 앓고 있을 뿐만 아니라 생애 마지막 무렵 테오 가족과 갖게 된 갈등에서 보다시피 주위 사람들을 끊임없이 곤경 속으로 빠트리게 되는 상황이 겹쳐지면서 차라리 현세의 삶을 종결짓고 내세의 영원한 삶을 살고자 자살을 결심하였다는 것이다.

4.3 경계성 성격장애; '대체된 아이 증후군'

앞에서 이미 언급 하였지만 여기에서는 반 고흐가 '대체된 아이 증후군'을 보이며 그 때문에 심각한 정체성 혼란을 겪었다는 정신분석학적 견해, 특히 대상관계이론의 관점을 검토해 보자.

프로이트 이후 대두된 대상관계이론에 따르면 유아가 0~3세에 걸친 발달 과정에서 대상(주로 어머니나 보육자)과 맺게 되는 특수한 관계 양상이 초기 아동의 정서 및 성격 형성에 주요한 영향을 끼친다.

나아가 이후의 성장 과정에서도, 심지어 성인이 되어서도 그 개인의 특수한 성격과 자아를 결정하게 된다.

0~3세에 걸쳐 전개되는 유아의 발달 과정은 다음의 단계를 거친다; ①정상적 자폐(自斃, autisity), ②정상적 공생(共生, symbiosis), ③분리-개별화(separation-individuation). 다시 ③단계는 다음의 하위단계, 즉 ①부화(孵化, hatching), ②연습(practice), ③재접근(rapproachement), ④대상항상성(object constancy) 단계를 거친다. 여기에서 주목하는 병리인 경계성 성격장애는 '재접근 단계'에서 발생한 양육상의 어려움에서 비롯된 것이다. 그리고 양극성 정서장애(조울증)는 '연습단계'에서 비롯된 문제에서 발생한다.[36] 여기서 연습단계와 재접근 단계는 거의 생후 10개월에서 2년 사이에 일어나는 발달 과정이다. 그러나 여기서는 반 고흐가 초기 발달의 어느 단계에 집중적으로 어려움

36) 자세한 내용은 해밀턴(2010), 『대상관계이론과 실제』, 59-90쪽, 195-204쪽, 205-19쪽; 캐시단(2010), 『대상관계치료』, 51-5쪽. 특히 말러 외(1997), 『유아의 심리적 탄생』, 68-184쪽; 컨버그(2003), 『대상관계이론과 임상적 정신분석』, 56-91쪽. 발달 과정의 각 관계와 각 단계에서 일어나는 발달의 실패가 초래하는 병리의 유형 사이의 관계는 아래의 표를 참조. 해밀턴(2010), 173쪽.

발달단계	진 단	성격구성 수준
자폐단계	자폐적 정신병	정신병적 구조
공생단계 부화단계 연습단계	정신분열증 양극성 정서장애	
재접근단계	반사회성 성격장애 정신분열형 성격장애 정신분열성 성격장애 경계선 성격장애 자기애성 성격장애	경계선적 구조
온전한 대상관계	강박성 성격장애 히스테리 정상-신경증	신경증적 구조

을 겪게 되었고, 그로 인한 심리적 장애가 무엇인지를 규명하지는 못한다. 그의 초기 유아시절의 양육 과정에 대한 어떤 전기상의 자료도 전해지지 않기 때문이다. 단지 우리는 지금까지 논의되고 있는 여러 진단에 비추어 그의 이른 초기 삶을 역추적해 볼 수 있을 뿐이다.

펠에 따르면 반 고흐 역시 생애 초기부터 어머니와의 관계에서 문제가 생겨 평생 동안 대인관계에 어려움을 겪었다. 그의 어머니는 첫 아이를 잃은 슬픔에서 벗어나지 못하고 오랫동안 깊은 마음의 상처를 안고 살았고, 이로 인해 어린 빈센트는 죽은 형제를 대신하여 취급되는 아이를 가리키는 '대체된 아이'로서 마음에 깊은 상처와 장애를 안고 살았다. 대체된 아이는 종종 존재할 수 없는 완벽한 사랑, 즉 강렬하고 통제불가능한 열정에서 비롯한 사랑을 갈망한다. 그래서 소외나 정서적 거부를 겪으면 분리 불안으로 폭력을 행사한다. 이처럼 어머니를 대신하는 여성의 보호를 받고 싶어 하는 강력한 욕망은 모성상(母性像)에 대한 강한 집착을 무의식적으로 대신하려는 것이다. 이러한 성향은 피학적(皮虐的) 경향으로 기울게 되는 조건이 되기도 하고 나중에 성인이 되어서도 괴팍한 대인관계나 자해 또는 자살 행동을 하게 만든다.

펠은 반 고흐의 심리를 진단한 여러 학자들의 견해를 참조하여 대체된 아이 증후군으로서의 그의 특이 행동들을 설명하고자 한다. 우리는 이 주장을 받아들여 그의 특수한 성격 형성을 결정하게 된 어린 시절의 발달 상황과 과정을 추측하여 다음과 같이 재구성할 수 있을 것이다.

반 고흐가 태어나기 전 그의 어머니, 코르넬리아(Anna Cornelia Carbentus)는 33세의 나이로 사산아를 낳았다. 죽은 아이는 빈센트 빌

렘(Vincent Willem)이라는 이름으로 불렸는데, 정확히 1년 뒤 1853년 3월 30일 죽은 형과 같은 이름으로 그가 태어났다. 꼭 1년 전 사산아의 출산은 그의 어머니에겐 충격이었고, 그 결과 (1)그녀는 죄책감에 휩싸였고 상실을 제대로 극복하지 못해 우울증에 빠졌다. 어머니의 이러한 심리적 상태는 새로 태어난 아이의 양육에 비정상적 작용을 하였을 것이고, (2)아이, 곧 빈센트는 태어나는 순간부터 비현실적인 행동 양식이나 기준에 맞추어 생존하여야만 하였다. 이른바 '모성애의 망령'에 갇혀 첫 아이를 잃어버렸다는 것을 인정하지 않으려는 욕망과 두 번째로 태어난 아이가 잃어버린 아이를 대신해 주기를 바라는 비현실적인 욕망 사이의 혼란이 어린 반 고흐에게 심각한 정신적 피해를 주었을 것이다. 자신의 고유한 방식으로 성장하려는 욕구는 어머니의 왜곡된 심리 상태 하에서 거부되거나 좌절하고 급기야 아주 이른 시기부터 자아정체성의 혼란을 일으켰을 것이다.[37] 결과적으로 (3)빈센트의 심리적 특성은 ①어머니의 무의식적 요구에 순응하고자 거짓자기의 삶을 살게 하였고, ②모성애에 대한 실현 불가능한 욕망, 즉 어머니로부터 제대로 보살핌을 받지 못하고 버림받았다는 느낌으로 잃어버린 완전한 사랑에 대한 끊임없는 갈망을 과도하게 표출하게 만들었으며, ③대상 상실의 불안과 공포에 쉽게 빠져들고, 그로 인

37) 펠(2007), 44-5쪽. 한편 스위트먼은 펠의 견해를 비판하여 빈센트가 어머니로부터 소외되었다는 주장을 받아들이지 않는다. 그는 오히려 빈센트가 애지중지 하는 부모로부터 응석받이로 자라났다고 주장한다. 스위트먼(2004-1), 53-4쪽. 스위트먼이 보기에 반 고흐의 병은 조울증이다. 그러나 앞서 보았다시피 조울증 발병 역시 보다 이른 유아기에서 발생한 양육상의 실패가 그 원인들 가운데 하나일 개연성이 높다.

해 공격성을 드러내게 하였다. 한편 빈센트의 부모는 당시 살던 목사관과 매우 가까운 준데르트의 묘지에 '빈센트'라는 이름을 새긴 묘석을 세웠기 때문에 그의 가족은 교회에 갈 때마다 그 묘석을 볼 수 있었다. 이 증후군을 주장하는 학자들은 어린 빈센트 역시 아동기에 접어들어서도 자기 이름을 새긴 묘석을 보며 깊은 혼란과 상처를 반복적으로 받게 됨으로써 이미 조직된 이상(異常, abnormal) 성격은 더욱 강화되고 지속되었을 수 있다.[38]

나는 여기서 개인적으로 반 고흐의 증상과 이상 행동들의 원인을 말해주는 다양한 진단들 가운데 '양극성 정서장애'와 '경계성 성격장애'가 무엇보다 가장 타당성 있는 설명이라고 생각한다. 그래서 그의 병명들 가운데 이 두 진단이 그의 자해 소동과 죽음을 가장 잘 설명해 줄 수 있다는 주장에 가장 공감한다. 그러나 이 글의 주제는 오히려 이

38) 에릭슨(2008), 207쪽. 우리는 반 고흐의 생애 곳곳에서 이와 같은 심리적 양식 구조가 그 형태를 달리하며 발현되는 사건들을 몇 가지 제시할 수 있다. ①영국에서 사랑의 실패. 이 좌절은 그가 화상으로서의 직업을 포기하고 기독교 신앙에 빠져들게 하는 동기가 된다. ②1881년 여름, 반 고흐는 최근 과부가 된 외사촌 누이 케이 보스(Kee Vos)를 향해 일방적으로 사랑에 빠진다. 그는 케이의 완강한 거부에도 불구하고 막무가내로 통제할 수 없는 열정을 쏟아 붓는다. 결국 암스테르담으로 이모부 집을 찾아 가고, 거기서 이모부와 언쟁을 벌이고 감정이 격앙된 그는 오른 쪽 손을 기름등에 가져가 불꽃에 손등을 대고 있는 동안만이라도 케이를 보게 해 달라고 소리쳤다. ③1888년 12월 23일, 반 고흐는 고갱과의 계속된 갈등으로 떠나겠다고 고갱이 말할 때마다 고갱에게 지나치게 감정적으로 의존해 있던 그는 급기야 고갱을 면도칼로 위협하고 결국에는 자신의 귀를 자르는 자해를 하게 된다. ④1889년 동료 시냑(P. Signac)이 떠날 때도 테레빈유로 자살하겠다고 위협하고 실제 마시는 행동을 저지른다. ⑤그리고 이 글에서 주목한 1890년 가셰 박사의 딸 마르게리트와의 사랑에서 빚어진 죽음으로 끝난 자해 행동을 들 수 있다.

들 증상들에도 불구하고 그가 어떻게 고통 속에서 영성 가득한 그림들을 그릴 수 있었고, 또 영적 체험을 할 수 있었는지를 묻는 것이다.

5. 정신병리와 절정체험

우리의 물음을 다시 정식화 하자. 반 고흐는 자신의 심리적 병증에도 불구하고 어떻게 영적 체험을 할 수 있었을까? 혹은 가난과 고독 그리고 지독한 심리적 장애라는 고통들 속에서 그는 이를 헤쳐나가기 위해 무엇을 할 수 있었을까? 인간 연대의 진정성, 자연의 진리 그리고 신성에 대한 회화적 표현이 그가 할 수 있었던 모든 것 아니었을까? 그러나 이러한 차원의 그리기는 어떻게 가능할 수 있었을까?

먼저 모든 인간에게 보편적으로 내재해 있는 영적 체험의 가능성을 들 수 있다. 매슬로(A. Maslow)는 그 가능성을 '절정체험' 개념을 통해 규명한다. 그에 따르면 절정체험은 개인의 인생에서 깊은 몰입과 황홀감을 수반하는, 최고로 고양된 만족과 환희의 체험을 지칭하는 개념이다.[39]

매슬로는 처음에는 일부 자기실현에 성공한 사람들에게서 이 체험의 존재를 발견하였으나 점차 거의 대부분의 사람들이 비록 일시적이

39) 또한 '신비적 체험', '무아의 경지', '초월적 체험'이라 불리기도 한다. 매슬로(1994), 『가치와 존재』, 67-8쪽. 매슬로에 따르면, 유교를 제외한 모든 고등종교의 본질적이고 보편적인 핵심에는 이들 체험에 대한 원칙적인 합의가 존재함을 발견할 수 있다.

라 할지라도 겪을 수 있는 체험으로 파악하였다. 이 체험은 삶의 다양한 순간에서 우연한 사건처럼 일어난다. 강렬한 애정, 현란한 예술과 음악과의 만남, 신비적이며 압도적인 대자연의 아름다움에 매료되어 체험할 수도 있지만 일상의 생활 속에서도 수시로 다양한 절정체험을 할 수 있다.

그런데 매슬로는 일상적인 절정체험보다 더 높은 수준의 '비일상적인 신비체험'을 구분하였으며 그것을 통해 인간은 일상생활에서도 신성함이나 초월적 차원을 자각하며, 존재하는 것을 그 전체성에서 포착할 수 있다고 보았다. 가령 비일상적인 신비체험을 통해 우리는 종교에서 엄청난 역할을 하는 계시, 교화, 귀의에 대해 보다 깊은 이해에 이를 수 있다는 것이다. 이러한 관점에서 절정체험을 볼 때 우리는 개인적이고 독특한, 그리고 본래적인 종교성에 대해 말할 수 있게 되고 그리하여 모든 조직화된 종교의 산물, 즉 예배당, 예식, 교리, 훈련된 사제들 등은 부수적이고 이차적일 뿐이다.[40]

---

40) 매슬로(1994), 74쪽. 매슬로는 이 절정체험이 '존재-인지'(B-인지, Being-Cognition)를 수반한다고 말한다. 그에 따르면 절정체험과 존재-인지는 다음의 특성들을 갖는다. ①내적 및 외적 통일성; 자기와 타인, 환경과의 분리·분열감을 극복하여 내적 통일성(전체성, 합일성, 일체성)의 감각을 갖는다. ②강한 긍정적 감정; 자기를 초월한 것과의 일체감을 통해서 지복과 평화의 감정을 갖는다. ③시간과 공간의 초월; 일상적인 3차원적, 선형적 현실성을 떠난 비시간적 영원성과 공간적 무한성의 체험을 한다. ④성스러운 존재의 감각; 자연, 우주, 창조주, 신, 우주적 법칙이나 조화 등에 대하여 개인을 초월한 성스러운 실재감을 갖는다. ⑤역설적 성질; 자아의 상실감과 우주로 확대된 자기감각 같은 모순된 감각을 갖는다. ⑥통찰의 객관성과 현실성; 일상적인 인식을 초월하면서도 헌신적이어서 객관성이 따른 인생이나 우주 및 존재를 포괄적으로 통찰한다. ⑦언어로 표현하기 어려움; 체험의 설명에 어려움을 느끼는 한편 초월적

윌버 역시 매슬로의 견해를 받아들여 인간이 비록 정신적 장애에 놓여 있다 하더라도 자아초월적인 신비적 영역으로 진입할 수 있음을 주장하였다. 그에 따르면, 반 고흐의 특이한 영적 각성은 근본적으로 우리 모두에게 잠재되어 있는 본래적인 것이다.[41] 이들 고차적인 의식 상태가 때로는 반 고흐에게서처럼 개인적 병리나 비정상 심리와 뒤섞여 있기도 하지만 그 상태들 자체는 본질적으로 병리적인 게 아니다. 오히려 관련된 많은 종교 수행자들과 연구자들은 그것들이 진정한 삶의 특별한 상태라고 끊임없이 보고한다. 그래서 반 고흐의 초월적인 각성 상태는 그 자체로 병리적이지도 않고 정신병적이지도 않으며 더욱이 광기도 아니다. 그것은 우리 모두가 본래적으로 볼 수도 있는 궁극의 실재와 그가 진정으로 접속하였다는 것을 의미한다. 따라서 그가 부활한 그리스도를 보았다고 말하였을 때[42] 이것은 정확하게 그가 의미하고자 한 바로 그것이었으며 또한 그가 보았던 바로 그것이었을 것이다. 곧 그리스도와의 합일 체험이었을 것이다. 그리고 이 체험을 자신의 회화적 공간에 현시하고자 한 것이다.

여기서 잠시 우리 논의의 이해를 좀 수월하게 하기 위해 흐름을 바꾸어 윌버의 인간 이해를 먼저 검토하고 다시 이 주제로 돌아오는 게 좋겠다.

인 이해를 하게 된다. ⑧체험의 긍정적 영향; 심리적, 신체적으로 건강하며 인생의 이해와 대인관계에서의 수용과 성실성, 애정의 증대 등 긍정적 영향을 받는다. 정인석(2009),『트랜스퍼스널 심리학』, 155-6쪽. 매슬로(2005),『존재의 심리학』, 188-222쪽 참조.

41) Wilber(2000), *The Eye of Spirit*, p.531.

42) Schapiro(1994), pp.140-1; Schapiro(1994), pp.143-4.

6. 의식의 구조와 특정 병리, 그리고 반 고흐의 심리적 진폭

(도표 1)에서 보다시피 윌버에 따르면 인간의 의식은 기본적으로 10가지 수준(level) 내지 단계(stage), 차원(dimension)을 가진다. ①감각물리적 (sensori-physical) 수준, ②환상-정동적(phantasmic-emotional) 수준, ③표상심(representation-mind) 수준, ④규칙-역할심(rule / role mind) 수준, ⑤형식적-반성심(formal-reflexive mind) 수준, ⑥비전-논리적(vision-logic) 수준, ⑦심혼적(psychic) 수준, ⑧정묘적(subtle) 수준, ⑨원인적(causal) 수준, ⑩비이원적(non-dual) 수준.[43]

의식의 이러한 기본 수준은 모든 개인의 심층에 존재하는 구조적 잠재능력이다. 이 말은 누구든지 개인은 본래적으로 이 10가지 단계를 태어나면서부터 잠재적으로 가지고 있으며, 이 단계들을 차례로 거쳐 성장 발달해 갈 수 있다. 그러나 이들 각각의 수준 혹은 단계가 모든 개인의 생애에서 반드시 전부 발현된다는 말은 아니다. 가령 어떤 개인은 발달의 ⑤수준, 즉 '형식적-반성심 수준'에서 멈춤으로써 그 상위의 단계들은 잠재적 상태로, 출현하지 않은 채 머물 수 있다.

또한 개인은 일반적으로 그 성장 과정에서 순조롭게 각각의 단계를 거쳐 특정한 수준에 이르는 게 아니다. 모든 인간은 대체로 변하지 않는 기본 구조를 본래 가지고 태어나지만 실제 발달 과정에서는 예기

43) 여기서는 각 수준의 내용을 다루지는 않는다. 자세한 내용은 Wilber(1986), *Transformations of Consciousness*, pp.67-74; 윌버 (2005), 『모든 것의 역사』, 10, 11, 12, 13장; 윌버(2006), 『세상에서 가장 아름다운 용기』, 255-75쪽; 윌버(2008), 『통합심리학』, 131-62쪽.

치 않게 일어나는 여러 어려움들로 인하여 각 개인의 발달은 특정 수준에서 지체되거나 심지어 고착될 수 있으며 그 결과 다음 수준으로 발달하기가 용이하지 않은 경우가 대부분이다.

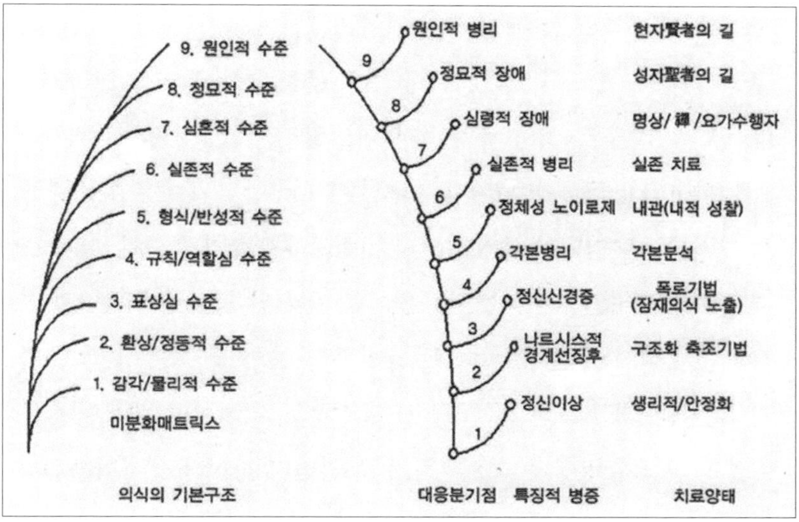

(도표 1) 의식의 기본 구조와 병증 그리고 치료양태[44]

가령 (도표 1)에서 ③수준, 즉 '표상심 수준'은 ②수준, 즉 '환상/정동적 수준'을 내포하면서도 초월하여 나아가는 단계인데, 그렇다고 ②환상/정동적 수준을 억압하여 분리시키거나 배제하면 심각한 발달상의 문제가 발생한다. 제대로 ③표상심 수준에 이르기 위해서는 내포하면서 초월하는 과정을 비교적 순조롭게 거쳐가야 한다. 만약 그렇지 못하고 ③표상심 수준에 이르게 되면, 즉 그 과정에서 고착과 분

44) 조효남(2008),『의식·영성·자아초월 그리고 상보적 통합』, 164쪽.

열이 일어나 발달상의 문제가 발생하면 그로 인한 특정 병리가 발생한다. 예를 들어 앞의 유아발달 시기에서 '분리-개별화 단계'의 하위 단계인 '재접근 시기'에 발생한 문제로 인한 병리 가운데 하나가 '경계성 성격장애'이다.[45] 펠이 반 고흐에게서 주목하는 '대체된 아이 증후군'은 이 수준의 성장에서 문제가 일어난 경우이다.

윌버에 따르면 지구상에 ⑥수준, 즉 '실존적 수준'을 넘어서 ⑦수준, 즉 '심혼적 수준' 이상의 차원, 곧 자아초월적 차원에 있는 사람은 극소수(인구의 0.1%)에 지나지 않는다. 거의 대부분의 사람은 성장의 하위 단계에서 분열되어 급기야 발달이 정지하게 되거나, 혹은 다음 단계로 나아가더라도 깊은 분열의 상처를 안게 된다. 그래서 발달과 성장의 ⑤형식적-반성심 수준이나 ⑥실존적 수준에 이르는 사람도 많지 않은 편이다.[46]

설혹 성장과 발달의 ⑥실존적 수준에 있다 하더라도 자아초월적 단계로 발달하지 못한 사람도 존재할 수 있다. 가령 프로이트는 「환상의 미래」와 「모세와 유일신교」에서 기독교의 신 존재를 강박증에서 비롯된 환상으로 간주한다.[47] 또한 「쾌락원칙을 넘어서」에서는 이미 높은 수준의 인간에게서 발견할 수 있는, 더 높은 완벽을 향한 지칠 줄 모르는 추동력을 "완벽을 향한 충동"[48]이라 부르고, 「문명 속의

---

45) 컨버그(2003), 68쪽.

46) 윌버(2008), 83-9쪽.

47) 프로이트(2008-1), 『문명 속의 불만』, 178쪽, 197-202쪽, 212-16쪽. 프로이트(2008-2), 『종교의 기원』, 356쪽, 425쪽.

48) 프로이트(2009), 『정신분석학의 근본 개념』, 314-5쪽.

불만』에서는 로망 롤랑(Romain Rolland)을 통해 알게 된, 한계와 경계가 없는 영원성에 대한 감각인 '대양적 느낌'에 대해 언급하면서도 자신은 한 번도 그 느낌을 체험한 적이 없다고 말한다.[49] 그는 오히려 이 개념들을 비판적으로 이해하였고 인간 발달의 가장 초기의 단계, 즉 자궁 속 태아 상태나 엄마와 아기의 공생단계로 환원하여 이해하고자 하였다. 다시 말해서 프로이트는 이른바 인간의 신비적이고 영적인 체험을 ①수준, 즉 '감각-물리적 수준'에서 ③표상심 수준까지에 걸쳐서 이해하고자 한 경우이다.[50] 프로이트의 삶의 전기를 살펴보면[51] 그는 탁월한 인격의 소유자이며 인간의 실존적 고뇌를 깊이 사유한 인물, 곧 ⑥실존적 수준의 인간으로 여겨지지만, 그 이상의 신비적 체험을 보고하지는 않는다.[52]

그렇다면 반 고흐는 의식의 어느 차원에 존재하는가? 그리고 그의

---

49) 프로이트(2008-1), 234쪽.

50) 윌버에 따르면, 이처럼 성숙하고 영적이며 초(超)합리적 상태를 전(前)합리적이고 자기도취적이며 유아적인 것들의 융합 상태로 환원시키는 전형적인 환원주의자(reductionist)가 프로이트이다. 한편 융(C. G. Jung)은 역으로 종종 전합리적 신화를 초합리적·초월적 위대함으로 격상시킨 전형적인 격상주의자(elevationist)이다. 이처럼 전합리적인 것과 초합리적인 것은 모두 비합리적이기 때문에 이들을 혼동하여 전합리적인 것을 초합리적인 것으로 격상시키거나 혹은 초합리적인 것을 전합리적인 것으로 환원시키는 것을 윌버는 '전/초 오류(pre/trans fallacy)'라고 부른다. 윌버(2010), 『켄 윌버의 일기』, 183쪽. 상세한 내용은 윌버(2004), 『아이 투 아이』, 331-89쪽 참조.

51) 게이(2012-1,2), 『프로이트1』, 『프로이트2』 그리고 르베르(2000), 『정신분석 혁명』에 의거함.

52) 그러나 프로이트가 자아초월적 차원을 다루는 심리학에 기여한 공헌은 새롭게 주목되어야 한다. 엡스타인(2008), 「자아초월 심리학에 대한 지그문트 프로이트의 영향」 참조.

비정상 심리와 초개인적 체험은 어떤 관계이며 어떻게 설명될 수 있는가? 여기서는 논의의 편의상 펠을 따라 그가 경계선 성격장애의 한 양상으로서 '대체된 아이 증후군'을 앓았다는 가정을 중심으로 논의하겠다. 그리고 그가 비록 성장의 ②환상-정동적 수준에서 문제를 안게 되었지만 그렇다고 그가 발달의 최종 수준이나 지배적 수준이 ② 수준이라는 말은 아니다.[53] 반 고흐의 편지들과 전기들을 통해 추측하자면 그는 상당히 높은 지적 수준과 도덕성을 가졌다고 말할 수 있다. 따라서 그는 증상을 드러내지 않던 정상적 심리 상태에선 적어도 ⑤형식/반성심 수준을 넘어선 단계에 있었다고 주장할 수 있다.[54] 그

53) 여기서 발달의 '최종 수준'과 '지배적 수준'을 구분하는 것이 필요해 보인다. 가령 현재 특정 개인의 심리적 자아의 구성을 분석해 볼 때 ②수준이 10%, ③수준이 15%, ④수준이 15%, ⑤수준이 50%, ⑥수준이 10%라고 한다면 그의 발달의 무게중심이 놓여 있는 지배적 단계는 ⑤형식적-반성심 수준이고, 최종 단계는 ⑥실존적 수준이다. 윌버(2008), 68쪽. 그러나 특정 개인의 다양한 심리적 특성을 포착하기 위해선 그의 '통합심리도(integral psychograph)'로 작성해 보아야 한다. 아래 각주 54 참조.

54) 반 고흐가 정확히 어떤 발달의 수준들에 걸쳐 있는지를 평가하기 위해선 그의 다양한 심리적 특 성을 분석하여 통합심리도를 작성해 보아야 한다. 다시 말해서 특정 개인이 발달의 구조상에서 어떤 수준들에 걸쳐 있는지를 살피는 것만으로는 부족하다. 윌버에 따르면 발달의 보편적 구조를 상승하거나 하강하며 발달하거나 역행하는, 개인의 다양한 잠재력을 '계열(line)'이라 부르며, 약 20여개를 제시한다. 계열들은 비교적 독립적으로 전개하면서도 서로 겹치고 얽혀서 전개하기에 '준독립적' 성격을 갖는다. 계열의 몇 가지 예를 들면, 인지, 도덕, 대인관계, 영성, 심리적 성(性), 정서 등이다. 어쩌면 반 고흐는 도덕과 영성 계열은 상당히 높은 발달 수준에 도달하였을 것으로 짐작이 되지만, 대인관계 계열은 낮았을 것이다. 이처럼 다양한 계열들의 발달 정도를 통합해서 특정 개인의 심리적 현재 수준을 살펴야 그를 제대로 포착할 수 있을 것이다. 여기서는 길게 다룰 자리가 아니다. 윌버(2008), 59-63쪽. 윌버(2010), 454-62쪽.

리고 그에게 일어난 신비 체험은 자아초월적 차원의 ⑦수준, 즉 '심혼적 수준'과 ⑧수준, 즉 '정묘적 수준'에 해당하며 그 체험도 어느 정도 지속성을 지닌다고 추정하였다. 여기서 다루지 않지만 통상 자아의 심리적 발달과 자아초월적 발달은 서로 다른 계열(line)로 차별적이라는 게 윌버의 견해이고 주목을 요하는 주장이다.[55] 그래서 프로이트처럼 성장과 발달의 ⑥실존적 수준에 있다 하더라도 자아초월적 단계로 발달하지 못한 사람도 존재할 수 있다.

다시 반 고흐의 성격 장애의 문제로 돌아와 그가 초기 발달 과정의 어떤 시기에서 장애가 발생하였는지를 검토하겠다. 윌버는 말러(G. Mahler)와 컨버그(O. Kernberg)의 유아발달이론을 차용하여 인간의 초기 발달 과정에 관한 자신의 이론을 세운다.[56]

먼저 유아는 태어날 때 자신과 물리적 환경 사이에는 구분이 없다. 곧 자신과 그 환경은 아직 미분화적 융합 상태에 있다. 유아는 자신의 감각과 외부 감각 사이의 차이를 식별할 수 없다. 말하자면 의자와 손가락은 같은 것이다. (도표 1)에서 '미분화적 매트릭스' 혹은 '일차적 모체'(primary matrix)에 해당된다. 이 시기에 장애가 발생한다면 자폐증이다.

생후 3개월 정도가 지나면 유아는 이 공생적 융합 단계로부터 벗어나 점차 분화됨에 따라 자신의 신체 내의 물리적 감각과 주위 환경 속의 물리적 감각 사이에 차별화를 시작하게 된다. 가령 담요를 물면 아

55) 윌버(2010), 501쪽. 특히 454-69쪽 참조; 윌버(2008), 175-7쪽.

56) Wilber(1986), *Transformations of Consciousness*, pp.85-105. 각주 36의 도표 역시 이들의 영향으로 작성되었다.

프지 않지만 자신의 엄지손가락을 물면 아프다는 것을 알게 되고 그 차이를 배우게 된다. 이는 최초의 1년, 통상은 5-9개월 내외에서 완료되며, 진정한 '신체적 자기'가 탄생하는 영역이다. '일차적 모체'에서 ①감각-물리적 수준으로 진행하는 과정이다. 그런데 만약 이 분화에 실패하면 자신의 신체와 외부 환경 사이에 혼돈이 일어나고 그로 인해 심각한 정신적 문제, 곧 정신분열증이 발생한다.

다음으로 유아는 물리적 환경으로부터 자신의 신체적 자기는 차별화시켰지만 아직 감성적 환경으로부터 자신의 감성적 자기를 차별화시킬 수는 없다. 즉 유아의 감성적 자기는 자신의 주변에 있는 것들, 특히 자신의 엄마와 융합되거나 동일시된다는 것이다. 이 감성적 융합 상태에는 아무런 깊이나 심원함이 없으며, 여전히 자아중심적이고 자기애적이다. 그는 자기 자신을 외부의 감성적 세계로부터 차별화 할 능력이 없고, 그래서 그는 자신이 느끼고 원하는 것이 곧 그 세계, 즉 엄마가 느끼고 원하는 것이라고 생각한다. 자신의 관점이 존재하는 유일한 관점이다. 그러나 15-24 개월 전후의 어느 시점에 오면 감성적(정서적) 자기는 감성적 환경, 곧 타인(양육자나 엄마)과 자기 자신을 차별화하기 시작하고 새로운 심리적 탄생을 맞이한다. 이것이 ①감각-물리적 수준에서 ②환상-정동적 수준으로 진행하는 과정이고, 이 과정에서 문제가 일어나 제대로 발달하지 못하고 고착되거나 왜곡될 경우 조울증, 경계성 성격장애 그리고 자기애적 장애가 일어나고 앞서 반 고흐의 성격상의 문제와 연관된다(도표 1 및 각주 36의 표 참조). 말하자면 반 고흐는 이 발달 과정에서 문제가 발생한 경우이다.

다음은 개념적 자기가 탄생하는 과정이다. 여기서의 자기는 더 이상 감성적인 ②환상/정동적 수준과 동일시하지 않고 그러한 수준을 초월하기 시작하고 ③수준, 즉 '개념적 수준' 혹은 '개념적 자기'와 동일시하기 시작한다. 이는 표상심(representation mind)의 시작을 의미한다. 표상심은 이미지, 상징, 개념으로 구성되어 있다. 이미지는 생후 7개월 전후하여 생기며 어느 정도는 다소 그것이 표상하는 대상과 같다. 상징은 대상을 표상하지만 전혀 그 대상 같아 보이지 않으며 이미지 형성보다 더 어려운 인지적 과업으로서 2-4세 사이의 인식을 지배한다. 가령 나의 개 '똘이'의 이미지는 실제로 똘이와 엇비슷하게 보인다. 그러나 '똘이'라는 글자로서의 상징은 실제와 전혀 닮지 않았다. 그리고 바로 이 시점에서 개념이 출현하기 시작하고 하나의 단순한 상징은 하나의 단일한 대상을 표상하지만, 하나의 개념은 대상들의 전체 부류를 표상한다. 가령 '개'라는 개념은 똘이만이 아닌 모든 개들을 표상한다. 개념은 4-7세까지의 인식을 지배하며, 이지적(심적) (mental)자기, 개념적 자기가 새로이 생겨나기 시작하는 것이 바로 개념이 창발하는 이 시기이다. 자기가 이러한 개념적 마음과 동일시하는 차원이 표상적 마음의 수준이다. 여기서 자기는 이제 단지 지각과 충동과 감성의 어떤 덩어리가 아니고, 그것은 또한 상징과 개념의 집합이기도 하며, 이 새로운 자기는 언어적 세계에 들어서 있다.

특정 개인이 ③개념적 수준에 이르렀다는 것은 전문적 의미에서 꽤 안정되고 정합적이고 이지적인 자기가 창발했음을 뜻한다. 그러나 이 이지적·개념적 자기는 자신의 육체적인 욕망이나 충동의 제반 측면들을 제대로 내포하지 못해 억압하거나 분열시킬 수도 있다. 그리고 이러한 억압되거나 일그러진 충동들은 통상 성적이거나 공격적인 것으로서 고통스러운 질병을 일으키는데 이것이 '정신신경증'이다. 요컨대 성장의 ③개념적 수준은 ②환상-정동적 수준을 제대로 내포하면서 초월하여야 한다. 만약 그렇지 못하고 억압할 경우 비록 ③수준으로 나아간다 하더라도 특정 병리인 정신신경증을 앓게 된다. 그리고 이 신경증을 적절히 치료하지 못할 때 계속 이어지는 단계로 나아가기가 더욱 어렵게 된다. (도표 1)은 인간 발달의 전 과정과 그 과정에서 발생할 수 있는 병리, 그리고 그것을 치유할 수 있는 방법을 나타낸 것이다.

그렇다면 한 개인이 보다 상위적인 수준들, 곧 초개인 영역들에 이르기 위해서는 이 모든 수준들을 반드시 차례로 뚫고 나아가야 하는가? 그렇지는 않다. 개인들은 영적 체험을 그들의 성장의 거의 어느 단계에서도 가질 수 있다.[57] 왜냐하면 모든 인간 개개인의 존재 속에는 기본적으로 10가지 의식 수준을 본래부터 가지고 있기 때문이다. 말하자면 비록 정신신경증 환자라 하더라도, 혹은 반 고흐처럼 조울증이나 경계성 성격 장애를 가지고 있더라도 자연 및 신과의 합일 체험뿐만 아니라 공(空)의 체험 내지 어떤 궁극적 각성에도 이를 수 있는 잠재적 능력을 이미 가지고 있다. 단지 그 수준에 계속 머물기 위해서는 진정한 자아초월의 과정을, 가령 영적 수행(명상이나 참선, 기도)을 거쳐야 하지만 말이다.

반 고흐 역시 우리가 살펴본 대로 여러 가지 정신질환을 앓았다고

57) 윌버(2005), 252쪽. 윌버(2008), 189쪽.

추정되고 있다. 그러나 그가 불행한 상황이나 심각한 질병으로 고통 속에 있었다 하더라도 그가 별이 빛나는 밤하늘에서 혹은 까마귀가 나는 들판에서 숭고한 감동으로 체험한 것은 그의 질병의 퇴행적 표현이 아니라 영적 존재와의 합일의 현현(顯現)이었다.

그는 ②환상/정동적 수준의 병리 상태에 머물러 있는, 다시 말해서 감정과 욕망의 충동에 구속되어 있기만 한 존재가 아니었다. 생애의 여러 가지 불행한 사정으로 비록 그가 ②수준과 연관된 심리적 증상에 연루되어 있더라도 삶과 세계를 바라보는 지배적인 태도를 살펴본다면 적어도 ⑤형식-반성적 수준 이상의 차원에 머물러 있다고 생각한다. 또한 나는 그의 신비체험과 그림에 내포된 영적 체험이 그의 증상의 표상이 아니라는 것과, 그와는 달리 우리 모두 체험할 수 있는 초개인 영역과의 접속을 현시하는 것이다.

7. 정신병리와 신비체험

이제 인간 의식의 기본 구조와 구조의 각 차원 또는 수준에서 비롯되는 심리적 문제에 대한 윌버의 견해를 배경으로 반 고흐의 병리 체험과 신비 체험의 관계를 다시 검토해 보자.

우선 자아초월적 차원과의 접속을 가능하게 하는 절정체험은 우리의 성장과 발달 과정에서 사실 앞의 (도표 1)의 어느 단계에 놓여 있다하더라도 다양한 형태로 일어날 수 있는 체험이었다. 그런데 절정체험은 우리에게 일시적으로 일어난다. 그것은 스쳐 지나가듯 일어나기에 덧없어 보인다. 그래서 우리에게 절정체험이 일어나 초개인 영역과의 접속이 일어나더라도 그것은 일시적일 뿐 원래의 자신의 의식 수준으로 되돌아온다. 가령 (도표 1)에서 누군가가 ③수준, 즉 '표상심 수준'에 있다하더라도 절정체험을 통해 ⑧수준, 즉 '정묘적 수준'으로 잠깐 상승할 수 있다. 그렇지만 그 개인은 ⑧정묘적 수준에 계속 머무를 수 있는 게 아니라 다시 자신의 원래의 수준인 ③표상심 수준으로 되돌아오게 된다는 의미다. 말하자면 그가 고차적인 영적 실현을 성취한 성자(聖者)라는 말이 아니다.[58] 그러나 만약 우리가 명상과 같은 실천을 오랜 기간 하게 되면, 이런 일시적 상태가 전환되어 지속적으로 절정체험을 할 수 있게 되는데, 이것이 '고원체험(plateau experience)'이다. 그리고 우리가 더욱 집중된 고원체험을 계속하게 됨으로써 급기야 구조적 특징이 형성되고 안정적인 초월적 단계에 이르게 되는데, 월버는 이를 '항구적 적응(permament adaptation)'이라고 부른다.[59] 절정체험에서 고원체험으로, 다시 고원체험이 항구적 구조로 변환하기까지에는 오랜 수행 기간이 필요하고 그래서 이런 차원에 이른 인간은 거의 드물다고 할 수 있다.

한편 윌버에 따르면 자아초월적인 초개인 영역은 네 가지로 나뉠 수 있다. (도표 1 참조. 표기되지 않은 ⑩비이원적 수준은 ⑨원인적 수준 위에 위치한다.) 반 고흐의 영적 합일의 체험은 그 가운데 하나다. 1장에서 이미 논의하였다시피 이들 영역은 '심혼적(psychic) 수준', '정

58) 윌버(2008), 187-8쪽; 윌버(2005), 255-6쪽.

59) Wilber(2000), *Sex, Ecology, Spirituality*, p.770; 윌버(2010), 496-504.

묘적(subtle) 수준', '원인적(causal) 수준', 그리고 '비이원적(non-dual) 수준'으로 나뉜다. 그리고 각각은 다시 차례로 '자연(nature) 신비주의', '신성(deity) 신비주의', '무형상(formless) 신비주의', 그리고 '비이원적(non-dual) 신비주의'로 특징 지워진다.[60] 이를 다시 절정체험과 관련지운다면 심혼적 절정체험, 정묘적 절정체험, 원인적 절정체험, 비이원적 절정체험이라 할 수 있다. 각 신비주의의 간략한 소개를 이미 하였지만 다시 환기하기로 하자.

자연 신비주의는 자연 속의 모든 것들과 하나가 된 듯한 신비 체험을 의미한다. 이 체험 속에서 주체와 객체 사이에는, 즉 나와 저기 밖에 있는 전체 자연의 세계 사이에는 분리가 없다. 나아가 여기에는 자연의 여러 모습들과의 동일시(식물과의 동일시, 동물과의 동일시)로부터 모든 자연(우주의식, 세계혼)과의 동일시에 이르는 것이 포함된다.

신성 신비주의는 신의 임재를 나타내는 특성들과 하나가 되고 있음을 나타낸다. 혹은 그 이름이 무엇이든 간에 우리가 예배하는 초월적 존재로서의 '신'(God)과의 합일의 단계를 의미한다. 그래서 희열 속에서 신의 전능한 완전성과 절대성을 대면하는 순간이다.

무형상 신비주의는 공(空)의 영역으로부터 직접 솟아난다. 혹은 힌두교의 성자(聖者) 마하리쉬(R. Maharishi)를 따라 '나-나' 혹은 주시자(the Witness)의 상태 속에 놓여 있는 경우이다. 이 체험 속에서는 전혀 아무런 대상도 의식 속에 생겨나지 않는다. 말하자면 모든 주체와 객체들은 생겨나는 것을 전적으로 단순히 멈추게 된다. 그렇다고 이 상

60) 이하 자세한 내용은 윌버(2005), 328쪽, 331-92쪽; 윌버(2006), 10, 11장. 특히 Wilber(2000), CW6, *Sex, Ecology, Spirituality*, 8장 이하 참조.

태가 단순한 공백은 아니다. 오히려 완전한 충만성이고 해방감이라 할 수 있다. 여기서는 발생하는 어떤 존재도 결코 하나의 대상으로 보여질 수 없기 때문에 순수한 '공'(空)의 상태이다. 그래서 모든 대상들, 지각되는 형태로서의 '신'마저도 지멸 속으로 사라진다.

비이원 신비주의는 무형상 신비주의를 다시 초월하면서 이르게 되는 영적 상태이다. 여기서는 주체와 객체로의 어떠한 분열도 일어나지 않는다. 오히려 의식과 그것의 표출은 불이(不二)이다. 본래 현실 세계는, 아니 우리의 온 우주는 우리에게 이중으로, 이분법적으로 주어져 있는 것이 아니다. 현실 세계는 즉각적으로 단 한 번 주어져 있는 것이고, 하나의 느낌이고 일미(一味)이다. 그래서 우리의 현실 체험은 우리가 그것을 분할하기 전에는 원래 이원성을 포함하고 있지 않다. 실재적 현실 체험 자체는 본래 비이원적이다. 우리는 본래 존재하는 모든 것들과 하나다.

그렇다면 반 고흐의 절정체험은 초개인 영역의 어떤 신비주의와 접속하였을까? 나는 반 고흐의 적지 않은 작품들에서 현시된 초월적 차원을 참조하여 그가 비교적 빈번한 절정체험을 하였고 그 체험은 심혼적이자 정묘적이라고 생각한다. 이미 앞 장에서 이 생각의 근거를 다루었기에 이 글은 그것을 전제로 하고 있다. 그래서 여기서는 그의 그림 〈별이 빛나는 밤〉의 분석을 통해 그와 그의 작품들이 신성 신비주의와 깊은 상관성을 지닌다는 것을 환기하는 것에 머물렀다. 그러나 반 고흐의 자아초월적 체험이 신성신비주의 너머로, 곧 원인적 신비주의와 비이원 신비주의로 나아갈 수 있다고 아직은 주장하지 못하겠다. 그의 신적 표상 자체가 다시 주시자 앞에 놓여 '공' 속으로 나아가는 과정에 대해서는 그의 작품과 편지에서 아직 포착하지 못하였기 때문이다.

다시 논의로 되돌아와서 지금까지 에릭슨을 따라 반 고흐가 정신운동성 뇌전증과 우울증을 앓았다는 주장과 펠을 따라 그가 경계성 성격장애 환자였다는 주장을 중심으로 논의를 진행하였다. 물론 스위트먼이나 게이포드를 따라 그가 전형적인 조울증 환자였다고 주장할 수도 있다. 그러나 이 모든 주장들에 나름의 설득력을 인정한다 하더라도 이들이 제시하는 반 고흐의 병명들은 심각한 정신병리들이고, 나중에 다루겠지만 인간 생애의 가장 초기에 그 기원을 두거나 선천적이거나 후천적인 신체적 장애에서 비롯된 병리들이다. 그렇다면 어떻게 반 고흐의 회화나 화가 자신의 영적 특성들이 이들 심리적 장애의 결과물이 아니라 진정한 영적 체험의 현시로 볼 수 있을까? 어떻게 그가 비정상적인 정신 상태에 놓여 있었음에도 숭고한 영적 의식을 가질 수 있었고 또한 그것을 회화적 공간에 현시할 수 있었을까? 우리는 그 가능성을 매슬로와 윌버의 절정체험 혹은 변성의식 상태라는 개념을 통해 살펴보았다. 즉 반 고흐는 때때로 비정상 심리상태에 놓여 있었다 하더라도 마음이 안정된 시기에 종종 신비적 절정체험을 통해, 어쩌면 어느 정도 지속성을 띤 고원적 체험 속에서 자아초월적 영역의 신비적 차원과 연결되곤 하였고 또한 그 체험을 작품 속에 표현할 수 있었던 것이다.

8. 끝맺는 말-요약과 남아있는 논의

먼저 이 글은 앞의 글, 즉 반 고흐의 작품에 내재된 자아초월적 차원에 대한 논의의 후속 담론이다. 그래서 반 고흐의 그림 〈별이 빛나는 밤〉이 그의 신비로운 영적 체험이 현시되어 있는 작품 가운데 하나임을 환기시키는 것만으로 시작하였다. 그의 체험의 구체적인 내용은 주로 자연 신비주의와 신성 신비주의와 연관되어 있다고 주장하였다. 그렇지만 이 글에서 규명하고자 한 것은 다음과 같은 물음이었다. 반 고흐는 한편으로 정신질환을 앓으면서 어떻게 자아초월적인 신비적 의식 상태를 작품 속에 반영할 수 있었을까? 심리적 장애 속에 놓여 있으면서도 초개인적인 상태를 경험하는 것은 과연 가능한가? 나아가 심리적 장애 상태의 의식과 초월적 의식 상태는 어떤 관계인가?

그래서 먼저 그의 정신 질환에 대한 기존의 진단들을 살폈고 그 가운데서 비교적 그의 비정상적 행동을 타당하게 규명해 줄 수 있는 근거 있는 진단을 에릭슨과 펠의 견해를 중심으로 추정하였다. 물론 스위트먼과 게이포드의 조울증 진단과 그에 입각한 반 고흐의 비정상 행위들과 작품의 특성들에 대한 해명 역시 나름의 설득력을 얻고 있으나 따로 지면을 할애하지는 않았다. 사실 그들의 입장을 따르더라도 논지에는 별 차이가 없다고 생각하기 때문이다.

에릭슨에 따르면 반 고흐의 병은 정신운동성 뇌전증과 만성적 우울증이었다. 전자는 그의 자해 행위와 관련되고 후자는 자살을 그나마 제대로 설명해 준다는 것이다. 그리고 펠은 경계성 성격장애가 반 고흐의 자해행위와 의도치 않은 죽음을 규명해준다는 주장이었다. 그렇지만 우리는 여기서 그의 질병은 작품의 양식이나 기법 상의 변화와는 큰 상관이 없으며 주로 그의 작품 주제의 선택에 영향을 끼쳤음을 주목해야 한다. 말하자면 그는 자신의 삶의 질곡과 병에 저항하고 극복하기 위해 자연과 기독교 신앙에 더욱 의존하였고 그 때문에 자연과 종교성이 그림의 주요 내용이 될 수 있었다는 것이다. 반 고흐는 자신의 질병과는 별개로 신비로운 영적 체험을 하였고 그 체험이 자신의 회화적 공간에 감동적으로 현시되었던 것이다.

나는 매슬로, 나아가 윌버를 통해 반 고흐뿐만 아니라 우리 모두가 비록 비정상적 심리 상태에 놓여 있다하더라도 절정체험, 혹은 의식의 변성 상태를 통해 자아초월적인 신비의 영역을 체험할 수 있으며 또한 그것은 인간 존재의 본래적인 잠재 능력이라고 생각한다. 그리고 의식의 전 스펙트럼에서 그의 의식 상태가 그리는 진폭을 추정함으로써 그의 신비적 체험을 더욱 강조하고자 하였다. 말하자면 그의 정신병리적 심리 상태는 주로 ①감각/물리적 수준과 ②환상/정동적 수준에 걸쳐 있지만, 정상적 의식 상태에서는 ⑤형식/반성심 수준과 그 이상에 머물며, 절정체험을 통해 변성의식 상태에서 ⑦심혼적 수준과 ⑧정묘적 수준의 체험을 드러내었다고 주장하였다.

끝으로 반 고흐가 자아초월적 의식 차원에 빈번히 접속하였음에도 불구하고 왜 자신의 심리적 문제들의 해소나 극복에는 그토록 어려움을 겪었을까? 단순히 그의 질병 탓으로 돌리는 것 외에 우리 의식에 또 다른 특성은 없는가? 질문을 좀 더 일반화해서 정신적으로 보다 심층적인 차원의 영혼들이 때때로 일상의 소소한 수준의 문제들에 직면해서 비정상적이거나 부적절하게 대처하는 이유가 무엇일까?

윌버에 의하면 개인적 자기는 세 개의 계열(line)로 나뉠 수 있다. (도표 2 참조). 즉 전면적(frontal) 자기, 영혼적(심혼/정묘/심령) 자기, 그리고 주시적 자기(주시자)로 구분된다. 전면적 자기는 (도표 1)에서 ①감각/물리적 수준에서 ⑥실존적 수준에 걸쳐 지배적으로 발달하는 자기이다. 곧 자아(ego)가 그 기능을 수행하는 궤도이다. 이 궤도 또는 영역은 '거친(gross) 영역'이라 불린다. 영혼적 자기는 ⑦심혼적 수준과 ⑧정묘적 수준에서 지배적으로 발달하고, 주시적 자기는 ⑨원인적 수준에 의존하는 자기이다.[61]

이 세 자기-계열은 서로 얽혀 있지만 또한 비교적 독립적인 발달 과정을 보이기에 '준-독립적' 발달 계열이다. 그렇지만 (도표 1)에서처럼 어느 정도 의식의 수준들을 따라서 순차적으로 발달하는 편이다. 그러나 세 자기는 또한 상호 독립적이기도 하기에 발달의 다른 계열을 따라 서로 차별적인 발달 양상을 보일 수도 있다.

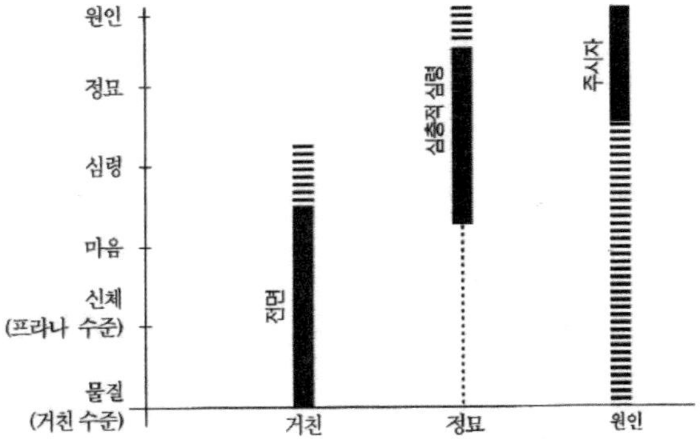

(도표 2) 전면(또는 에고), 심층 심령(또는 혼), 주시자(혹은 진아)의 발달[62]

61) 윌버(2008-2), 175-7쪽. 또한 윌버(2010), 501쪽, 특히 454-69쪽 참조.

62) 윌버(2008), 177쪽.

가령 반 고흐처럼 어떤 경우에는 영혼적 자기의 발달이 탁월함에도 불구하고 전면적 자기의 발달은 심각한 문제를 내포할 수 있고, 프로이트처럼 다른 경우에는 전면적 자기의 수승한 발달을 목격하면서도 영혼과 영의 존재를 체험할 수 없어 부정할 수도 있다.

나로서는 윌버가 펼치고 있는 개인적 자기의 세 계열에 대한 논의는 아직 가정의 지위에 머문다. 그렇지만 어떻게 자아초월적 수준의 인간 존재가 우리의 일상의 삶 속에서 여러 가지 문제(가령, 부적응의 삶이나 이해하기 어려운 행동)와 다른 형태의 삶(가령, 은둔과 침묵)을 사는가를 이해하려면 전제해 볼 필요가 있다고 생각한다. 자세한 논의는 다음으로 미루겠다.

III. 뭉크의 고통과 치유의 예술: 로스코와 지젝을 거쳐 회화적 관조로

1 '로스코의 방'에서

좀 오래 되었지만 먼저 사적인 이야기를 하나 털어놓는 데서 이 글을 시작하는 게 좋을 것 같다. 1997년 가을부터 연구년을 맞아 영국 런던에 얼마동안 머물렀던 적이 있었다. 대영 박물관 부속 도서관에서 책을 보다 무료해지면 소호(Soho)의 거리를 여기저기 걸어 다니며 들려오는 길거리 즉흥 재즈 연주를 듣거나 이곳저곳 미술관을 기웃거리며 하루하루를 보내다 그야말로 예기치 않게 일어난 '사건'이었다.

1998년 봄 어느 날이었던가? 그날 정말 아무 생각 없이 무심코 그 방에 들어갔었다. 들어서는 순간 당시 테이트(Tate) 미술관의 다른 전시실과는 달리 로스코(M. Rothko) 전시실의 조도(照度)는 상대적으로 너무 낮아 차라리 어둡다는 느낌이었다. 그리고 다음 순간, 그러니까 그의 그림들과 마주서자마자 돌연 아연해졌고 곧 알 길 없는 당혹 속으로 빠져 들어갔다.

나는 그의 전시실에서 으레 하듯이 전시 벽에 걸려 있는 그림들을 한 점 한 점 여유를 잡으며 볼 생각은 전혀 들지 않았다. 그림에서 찾을 수 있는 색의 배열과 구성이 어떠하며 붓질 방식이 어떻고 또한 질감은 어떠하며… 하는 생각은 간 곳 없고 현기증 때문인지 그냥 방 중앙에 있는 의자에 털썩 주저앉아 버렸다. 전시 공간은 제법 넓었지만 낯선 어둠과 사방을 에워싸고 있는 그의 큰 그림들이 서로 얽혀 복잡하고 기묘한 작용을 일으킴으로써 특이한 사태가 연출되고 있었다. 나는 그림들을 찬찬히 보기는커녕 어떤 위압에 눌려 오히려 알 길 없는 실존적 불안에 휩싸여 든 것 같았다. 요컨대 감상의 기본 수칙은 전혀 소용이 없어져 버렸고 나로서는 그저 지금 엄습한 이 '순간'의 감성에 머물며 현재 일어나고 있는 이 사태를 어떻게 수습해야 할 지 몰라 하고 있을 뿐이었다.

시인 최영미도 그 전시실에 들어갔었다. 처음으로 펴낸 시집,『서른,

(도판 1) 런던 테이트 미술관의 '로스코의 방'

잔치는 끝났다』가 일약 베스트셀러가 되어 유명해진 시인 말이다. 80년대 말 혁명과 투쟁의 구호 저 밑에서 비집고 올라오는 섬세한 감정과 몸의 소리에 너무나 솔직하였던 그녀였다. 그런 그녀의 미술에 관한 산문집, 『시대의 우울』이란 책에는 그녀가 테이트 미술관의 '로스코의 방'에서 체험한 그 강렬한 느낌이 힘겹게 묘사되어 있다.('힘겹게'라고 표현한 것은 그녀의 느낌이 오히려 글을 압도하기 때문이다.)

잘 알려져 있다시피 미국 추상표현주의 계열에 속하는 로스코의 그림들은 완전 색면(color-field) 추상회화이다. 그런데 감수성이 흘러넘치는 그녀에게 그의 그림은 오히려 우리의 신산한 삶의 파노라마가 스크린 위에 무질서하게 스쳐 지나가는 곳으로 여겨진다. 그녀는 로스코의 방에서 비릿한 "피 냄새"를 맡고 "호수에 비친 나무들의 검은 그림자"와 "발트해 연안의 작은 시골 마을의 음산한 밤 풍경"을 떠올리며 "서울의 어느 뒷골목에 버려진 … 진한 감정의 응어리"를 되새김질한다.[1] 어린 시절 러시아에서 이민 온 로스코가 유대인으로서 겪은 전쟁과 잔학 행위, 그리고 미국사회에서의 차별을 상기한다면 이런 비극적 읽기는 자연스럽다.

그런데 그의 그림은 여기서 머물지 않았다. 알 길 없는 무언가가 나를 더 깊은 아래로 끌어내렸다. 사실 로스코의 그림들은 가만히 있지 않았다. 그림들은 나의 내면 속으로 어떤 '울림'을 끊임없이 보내고 있었다. 나는 그 울림에 어떻게든지 맞서 볼 요량으로 형상화를, 말을, 이야기를 시작한 것 같다. 울림은 계속 반복되었고 나의 말도 생각도

1) 인용들은 최영미(1997), 『시대의 우울』, 16쪽. ※각주의 완전한 정보를 위해서는 〈참고 문헌〉 참조.

그리고 떠올림도 계속 이어지고 멈추질 않았다. 그래서 당혹만이 더해 갈 뿐이었다.

순간 나는 차라리 눈을 감기로 했던 것 같다. 더 이상 대책 없는 울림에 얽혀들기보다는 차라리 울림 자체를 밀어내려 한 것 같다. 이제 그 울림이 끝났으면 했다. 대체 이 울림은 무엇인가? 그러던 중 그 어두운 방 한가운데 앉아 침묵 속으로, 침잠 속으로, 고요 속으로, 적막 속으로 빠져들은 것 같다. 짐작하겠지만 로스코의 방은 또한 명상의 방, 곧 '선(禪)의 방(房)'이었다.

그해 여름 되돌아와서 어딘가에 이렇게 써 놓았지만, 그 당시 나는 이 체험에 내포된 진정한 의미를 제대로 알고 쓴 건 아니었다. 그 사태의 서술이 앎을 앞서 갔다. 왜 이런 일이 갑자기 그림 앞에서, 아무 영문도 없이 나에게 일어났는가? 대체 이 사건은 무엇이고 어떻게 이해해야 하는가?

그 후 한참 지나 2006년 나는 발테슈바(J. Ball-Teshuva)의 『마크 로스코』를 읽었다. 발테슈바에 따르면 통상 로스코 특유의 양식을 나타내는 '성숙기'의 회화에는 보편적인 인간 드라마의 본질이 표현되어 있다.[2] 로스코는 자신의 그림에서 색과 형태의 관계 같은 형식적인 것에는 관심이 없었다. 그는 자신의 그림을 바라보고 있으면 색면 속으로 빨려드는 듯한 느낌을 받게 되며, 점차 색면 내부의 형상들이 움직이고 그들 간의 경계가 사라지는 경험을 하게 되며, 배경과 형상이 서로 뒤얽혀 감에 따라 점차 불가해한 것에 대한 외경심을 갖게 되고 급

2) 발테슈바(2006), 『마크 로스코』, 17쪽.

기야 인간 존재의 한계를 뛰어넘는 자유를 느끼게 된다고 말한다.[3]

또한 로스코는 비극, 운명 같은 느낌, 황홀감(ecstasy)처럼 인간의 근원적인 감성을 표현하고자 했는데 이는 일종의 종교적 체험과 비슷한 것이다. 아마 이런 특이한 신비 체험을 발테슈바 자신도 하였는지 로스코의 그림은 "관람자가 고요한 세계에 들어서도록, 즉 명상적인 관조와 경외의 분위기 속에 자리 잡게"[4] 한다고 쓰고 있다.

나는 발테슈바의 글을 읽으며 그날 '로스코의 방'에서 일어난, 말로 표현하기 어려운 그 특이한 체험이 단순히 개인적이고 주관적인 것에 불과한 게 아니라는 사실을 다시 한 번 확인하게 되었다. 그 방에 들어서는 사람들 누구에게나 언제라도 일어날 수 있는 사건인 것이다. 그리고 로스코가 신비의 영역이 존재한다는 것을 알리기 위해 은은한 조명을 요구하였다는 것조차 읽게 되자 그 체험이 단순한 우연이 아님을 확신하게 되었다.

요컨대 로스코의 작품과 마주하게 될 때 겪게 되는 경험은 이처럼 '불안 혹은 비극→경외감→명상적인 관조의 과정'을 거친다. 그러고 보니 그날 나의 체험도 짧은 시간이었지만 이런 과정을 거쳐 간 것 같다. 그렇다면 감성의 이와 같은 변화는 어떻게 된 건가? 또한 이 감성들과 그 변화는 그림과 무슨 관계가 있는가? 그리고 이 관계 속에서 우리의 의식은 어떤 상태에 있는가?

---

3) 발테슈바(2006), 46쪽, 57쪽.

4) 발테슈바(2006), 78쪽. 코엔-솔랄(2015)의 『마크 로스코』 역시 로스코 회화에서 울려나오는 음울함과 비극, 신비한 감정, 고양된 마음 그리고 명상적 태도를 전한다. 211, 219-20쪽.

(도판 2) 〈빨강, 노랑, 빨강(Red, Yellow, Red)〉(1969),
캔버스에 붙인 종이에 유화, 123.2x102.9cm

발테슈바의 로스코 해석은 나에게는 고무적이었다. 예전 로스코의 방에서 겪었던 그 체험의 과정과 의미를, 비록 짧은 시간에 충격적인 사건처럼 일어났음에도 적절히 해명해 주었으니 말이다. 그러나 과연 나는 방금 서술한 이 말들에 내포된 체험과 의미를 이제 알게 되었다는 건가?

한편 로스코 그림에 대한 또 다른 이해, 음울한 해석이 존재한다는 것도 얼마 지나지 않아 알게 되었다. 그것은 로스코에 대한 두려운 병리적 진단이기도 했다.

2. 지젝의 로스코

최근 우연하게 지젝(S. Zizek)의『삐딱하게 보기』에서 로스코의 그림에 대해 짧지만 그냥 지나칠 수 없는 진단을 읽게 되었다. 진단은 특이하였고, 자연스레 잊고 있었던, 그렇지만 사라지지 않는 '로스코의 방'에서 일어난 사건을 다시 떠올리게 하였다.

지젝에 의하면 1960년 대 후반 로스코가 죽기 얼마 전에 그린 몇몇 회화들(도판 2 참조)은 그의 성숙기 회화(이른바 색면 회화) 대부분에서 보여주었던 형상과 배경 간의 긴장 혹은 균형이 종말에 이르렀음을 증거하고 확인하는 작품들이다.[5] 말하자면 대부분 로스코 색면 회화에는 부유하듯 떠 있는 형상들과 그 배경이 커다란 캔버스에 단순하게 구성되어 있다. 그러나 그림들을 들여다보고 있으면 점차(나에게는 갑자기) 형상들과 배경은 서로 침투하고 스며들어 그 경계가 불분명해지는 순간들이 일어난다. 물론 지젝도 언급하듯이 형상들과 배경은 살아 있는 존재처럼 서로 작용하지만 그럼에도 서로 간에 차별적인 각자의 존재감을 유지하고 있다. 그러나 (도판 2)의 그림에서는 배경이 그 위에 떠 있는 형상들을 모두 집어 삼켜, 가늘어지고 옅어져 가는 색채의 파편만이 마지막으로 남아 있는 듯 보인다. 조만간 형상들은 사라질 것이다.

지젝은 로스코의 그림들에서 특징적으로 나타나는 부유하는 듯한 형상과 그 배경 간의 긴장을 '현실(reality)'과 라캉(J. Lacan)의 고유한

---

5) 지젝(1995),『삐딱하게 보기』, 45-6쪽.

개념, '실재(계)(the real)' 사이에서 거리를 유지하려는 화가 내면의 투쟁으로 파악한다. 그래서 로스코가 자살로 생을 마감한 것은 이 균형이 무너지고 긴장이 깨어짐으로써 실재계가 현실로 흘러넘쳐 그 현실이 폐기되어 '정신병적 자폐'로 빠지기 직전 그가 한 마지막 선택이었다. 지젝에게 로스코의 대부분의 색면 회화들은 그가 정상 상태에서 실재계와 현실 간의 불안한 균형을 유지하려는 끊임없는 반복들로 보인다. 그런데 생애 마지막 무렵 로스코에게 침입한 실재계는 너무나 치명적인 것이었던 듯하다. 자신의 현실(혹은 상징적 질서) 속의 그 무엇으로도 감당할 수 없는 것이었으니 말이다. 그렇다면 그의 현실에 침입한 그 가공할 실재계는 대체 무엇이었는가? 지젝, 나아가 라캉의 말대로 실재계와의 직접 대면은 불가능한 것이라면 그것이 모습을 드러낸 방식은 어떤 것이었는가?

로스코는 1970년 2월 25일 자신의 작업실에서 자살한다. 부검이 실시되었고 팔에 난 깊은 자상(刺傷) 외에 항우울제의 심각한 중독으로 고통 받고 있었음이 밝혀졌다. 향년 66세였다. 살아생전 많은 비극적인 사건들을 겪어 내었고, 힘겨운 무명 시절도 견뎌낸 뒤 자신의 분야에서 괄목할 만한 성취를 이뤄냈으며 부와 명예를 누리고 있었던 로스코에게 대체 어떤 일이 있었기에 자살에 이르게 되었는가? 1968년 봄 로스코는 고질적인 고혈압이 원인이 되어 '박리성 대동맥류' 질환으로 입원하였다. 균형 잡힌 식사와 금주, 금연을 권고 받았으나 지켜지지 않았다. 이와 관련하여 성불능이 되었고 이미 전부터 삐걱거리기 시작한 결혼 생활은 파탄지경에 이른다. 아내 멜(Mell Rothko)은 당시 45세였다. 한편 1968년에 시작된 휴스턴 예배당을 위한 벽화 작업에

심장병으로 투병하면서도 혼신을 다한 나머지 그의 몸과 마음은 완전히 소진된 상태이기도 했다.[6]

결국 1969년 1월 1일부터 로스코 부부는 별거에 들어갔고 그는 뉴욕 맨해튼 69번가에 있는 작업실로 옮겨갔다. 악화된 건강으로 점점 의심이 많아져 갔으며 화를 잘 내고 외로움을 심하게 탔다. 또한 심각한 우울증 증상을 보였고 자주 혼란스러워 하였으며 지나치게 술, 담배에 의지하고 약물을 남용했다. 화가 라인하르트(A. Reinhardt)의 미망인과 한동안 만났으나 여전히 헤어진 부인 멜과의 이별로 인한 충격에서 벗어나지 못하였다. (멜은 로스코가 죽은 지 6개월 후인 1970년 8월 26일 사망하였다).[7]

로스코의 심각한 우울증 상태는 그의 마지막 그림들에 투영되었고, 그 당시 그림들을 보게 된 관람자들에 그대로 반영되었다. 말년의 로스코를 인터뷰한 적이 있는 딜렌버거(J. Dillenburger)는 1969년 4월 로스코의 그림을 한 점 구입하기 위해 전속 화랑을 찾았다. 그녀는 당시를 다음과 같이 회상하였다. "난 공포에 사로잡힌 나머지 꼼짝 못하고 자리에 앉아만 있었어요. 말 그대로 몸이 덜덜 떨렸죠." 그의 그림은 죽음을 말하고 있었고 그녀는 화랑 직원에게 가서 "누군가가 그를 잡아줘야만 해요"라고 말했다.[8]

우리로 하여금 의식의 혼란 상태로 이끌면서도 다시금 고양 상태로 이끄는 회화들을 그렸음에도 불구하고 생애 마지막에 비극적인 공허

6) 코엔-솔랄(2015), 236-7쪽.

7) 발테슈바(2006), 78, 83쪽.

8) 인용들은 엘킨스(2009),『그림과 눈물』, 38쪽.

와 몰락으로 가라앉는 그림들을 그린 로스코에 대해 우리는 어떤 물음을 제기할 수 있는가? 도대체 로스코의 그림들은 무엇을 현시하고 있는가? 또한 그의 그림들과 관람자 사이에서 대체 어떤 일이 일어나는가? 가령 왜 최영미는 비극적 운명을 느끼고, 또 어떤 이는 경외감에 휩싸이거나 눈물을 흘리고, 다른 한편 딜렌버거는 죽음의 공포에 전율하고, 나는 침묵 속으로 밀려든 건가?

엘킨스(J. Elkins)는 로스코의 그림을 본 관람자들(전문 비평가나 이론가를 포함하여)의 다양한 반응들을 참조함으로써 그 차이들을 조율하고자 한다. 로스코의 그림을 본 관람자들의 감정적 체험들은 대체로 두 부류로 나뉜다.[9] 한 부류는 당혹, 눈물, 완전히 고갈된 텅 빈 마음, 허무, 억압, 공허함, 절망, 공포와 죽음 등과 같이 삶의 고통과 비극에 연결된다. 다른 한 부류는 신비로운 위안, 편안, 순수하게 평화롭고 기쁜 순간, 초월적인 것의 약속, 무아(無我)적이고 초월적인 종교 등과 연관된다. 엘킨스는 이 구분 사이에서 어떤 상호보완적인 길을 찾아보려 하지만 그의 글은 더 이상 나아가지 못한다. 곧 로스코의 회화에서 그는 위협과 위안, 질식시키는 느낌과 편안히 지탱해 주는 느낌을 동시에 느낀다고 끝을 맺으려 한다.

하지만 결국 글의 끝 문장에서 엘킨스는 피할 수 없는 자신의 마지막 느낌을 털어놓지 않을 수 없다. 그는 속수무책으로 덮쳐오는 감정을 정말 어떻게 할 수 없었고, 로스코 자신이 겪었을 깊은 절망감에 휩싸이지 않을 수 없었다. 그래서 순간 그 역시 그림 앞에서 현기증을

9) 엘킨스(2009), 31-41쪽.

느끼고 급기야 넘어지고 만다.

미국 텍사스주 휴스턴에는 1971년에 건립된 '로스코 예배당'이 있다. 내부 벽면엔 로스코 후기 색면회화들이 걸려 있으며, 그곳을 찾는 방문객들 가운데 일부는 자신의 종교가 무엇이든 간에 그림 앞에서 기도와 명상을 한다. 예배당은 기독교, 천주교, 불교, 이슬람교 등 모든 종교를 아우르는 예배처다. 그러나 엘킨스의 명상에 대한 이해는 빈약하다. "명상을 하러오는 사람들은 … 멍하니 그림을 응시하는 사람들"이라고 말하거나, "눈을 감고 명상을 하면서, 로스코의 기묘한 비애에서 벗어나 자신들만의 좀 더 즐거운 생각에 빠져든 것"이라는 엘킨스의 추측은 명상에 대한 오해다.[10]

지젝이 로스코의 마지막 그림들에서 포착하였듯이 전혀 예기치 않게 다가오는 실재계의 귀환과 대면하는 순간, 우리에게 엄습하는 가공스러운 공포와 절망감의 체험과, 다른 한편 성숙기 색면 회화들에서 포착할 수 있는 체험, 곧 혼란과 경외 그리고 마침내 명상적 관조로 이어지는 체험 사이의 풍경은 어떤 것일까? 나는 이 두 체험을 구분하고자 하며, 전자를 병리로서의 텅빔 혹은 공허 속으로 삼켜짐, 혹은 지젝을 따라 '실재계의 침입'이라 이해하고, 후자를 초월 충동에 의해 존재가 벌이는 침묵의 투쟁으로 이해한다. 다음에서는 지젝의 진단을 좀 더 구체적으로 부연하고자 한다.

---

10) 엘킨스(2009), 28, 30쪽.

3. 지젝의 뭉크: 〈절규〉(1893)와 〈마돈나〉(1895 / 1902)

위에서 나는 로스코의 그림을 보는 다른 한 방식, 곧 지젝의 짧은 언급을 주목하게 되었고 급기야 그의 그림에 대한 옛 체험이 내포하는 의미가 무엇인지 좀 더 상세히 찾아다니기로 작정하였다. 이제 여기에서 지젝의 로스코 읽기 방식을 살피려 잠시 머물려 한다.

그러나 여기서는 먼저 뭉크(E. Munch)의 회화 〈절규〉로 둘러가는 길을 선택해야 한다. 지젝의 로스코에 대한 언급은 그 짧은 문단 외에 더 이상 나타나지 않기 때문이다. 그러나 뭉크의 그림에 대한 지젝의 해석 역시 로스코 읽기와 비슷하고 더 상세하기에 먼저 뭉크에 대

(도판 3) 〈절규(The Scream)〉(1893), 편지에 유화, 템페라, 파스텔, 91x73.5cm

(도판 4) 〈마돈나(Madonna)〉(1895/1902), 다색석판화, 60.5x44.4cm

한 지젝의 논의를 살펴보고 난 다음 로스코, 나아가 뭉크 논의의 경계가 어디인지 찾아보려 한다. 그리고 그 경계 너머의 지대를 멀리서나마 바라보고자 한다.

화면에는 기묘하게 생긴 한 인물이 다리 위에서 두 손으로 귀를 틀어막고 거의 눈동자 없는 동공 상태로 너무나 강렬한 불안과 공포 속에 휩싸여 동그랗게 입을 벌려 비명을 지르고 있다. 먼저 지젝은 이 비명이 신체의 형상을 비틀어 마치 뱀같이 부자연스럽게 구부러지게 하여 다리 너머 해안가와 바다의 휘어짐 속에서 출구를 발견한다고 말한다. 그런데 바로 이어서 지젝은 이 비명은 특이하게도 소리가 들리지 않는다고 말한다.[11] 그리고 이 소리 없음이 이 그림의 본질에 속한다. 너무나 절박하게 덮쳐온 불안에 휩싸여 비명은 발성 속에서 출구를 발견할 수 없기 때문이다.

목구멍에 걸려 소리 나지 않는 이 비명은 절망적인 난장이, 혹은 태아를 연상시키는 머리 형상에서 귀의 부재로 지표화되어 있고, 우리는 얼굴의 통상적인 모습이 사라진 왜상적인 비틀린 형태들 속에서 어떤 공포에 삼켜지게 된다. 지젝은 라캉을 따라 이와 같은 상태를 '실재계(the real)의 침입'이라 부른다. 그것은 〈절규〉에서 난장이 얼굴 형상의 일그러진 표면에, 즉 해골의 파여진 두 개의 검은 구멍을 연상시키는 눈과 소리 나지 않는 비명으로 묘사되어 있다. 지젝은 이것을 현실 속으로 과도한 원초적 향락(jouissance, enjoyment)이 난입해 들어온 것이라고 말한다. 다시 말해서 이 침묵의 비명은 엄마와 아이 사

11) 지젝(2008), 『당신의 징후를 즐겨라!』, 197쪽.

이의 양자 관계에서 발생하는 근친상간적인 원초적 향락을 물질화하는 '얼룩'에 대한 공포에 질린 반응으로서 '향락의 실재계'와 대면하게 됨으로써 일어난 반응이다. 그래서 침묵의 비명은 주체가 상징적 현실과 교섭할 태세가 되어 있지 않음을 입증하는 비명이다.

뭉크의 〈마돈나(Madonna)〉(1895 / 1902, 도판 4)에서도 〈절규〉의 난장이와 닮은 형상을 발견할 수 있다. 그림의 왼쪽 아래 구석, 또 다른 난장이, 아이의 얼굴이 보인다. 그러나 〈마돈나〉의 난장이는 움푹 파인 큰 눈으로 잔뜩 겁에 질려 그림 중간 위 눈을 감고 희열에 가득 차 있는 여인을 바라보고 있다. 거의 보이지 않지만 눈동자로 여겨지는 두 점이 자세히 보면 동공의 윗부분에 살짝 보인다. 두 팔은 교차하여 자신의 가슴에 애원하듯 애처롭게 모으고 있지만 그 아래 다리 부분은 아직 만들어지지 않아 길게 늘어진 꼬리 같다. 하긴 난장이 위로는 정자(精子)들이 그림의 테두리를 이루며 여인을 둘러싸고 있다. 지젝에 의하면 이 두 난장이는 아직 어머니의 몸에서 떨어져 나오지 못한 주체를 상기시킨다. 여전히 어머니-아이 융합 단계에 머물러 있고 어머니의 자궁에 갇혀 있는 상태를 암시하는데, 이 상태가 진정 공포스러운 것이다.[12]

그런데 극도의 절망 속에서 솟구쳐 나오는 비명에는 두 가지 종류가 있다.[13] 하나는 방금 언급하였듯이 실재계와의 공포에 질린 대면을 증거하는 '침묵의 비명'이다. 반면 다른 하나는 그 견딜 수 없는 불안

12) 지젝(2008), 204쪽.

13) 지젝(2008), 199쪽.

과 긴장 속에서도 출구를 찾은 비명으로서 구원·결단·선택의 비명이다. 이 비명은 발성과 함께 그 자체의 선택이 이미 이루어져 있다는 것과 주체는 공동체(상징적 현실) 내에서 그 자신을 발견하고자 한다는 것을 확증하는 비명이다.

그렇다면 〈절규〉의 비명은 그 출구를 발견하였는가? 즉 어떤 비명에 해당하는가? 이 지점에서 지젝은 애매해진다. 그러나 여기서 그의 주체 개념은 갑자기 급진화 한다. 〈절규〉의 비명은 분명 현실 속에 난입한 실재계에 대한 공포에 질린 반응이다. 여기서 주체의 현실은 그 일관성을 상실하고 무너져 내린다. 그리고 비틀린 형상이 지르는 소리 없는 비명은 주체 자신의 자기 상실의 공포를 그대로 드러낸다.

반면 지젝은 그럼에도 〈절규〉의 비명을 상징적 현실과의 연결이 아직 끊어져 있지 않음을 나타내는 비명으로도 느낀다. 그래서 그 왜곡된 난장이는 현실의 공동체에게 들리도록 소리 지른다. 우리는 여기서 두 가지 주체를 만난다. 하나는 실재계의 난입으로 상징적 질서의 무엇과도 연결될 수 없을 정도로 불안에 사로잡힌 주체이다. 그는 곧 멸절의 공포 속에 놓일 것이다. 다른 하나는 그럼에도 상징적 질서와의 연속성을 상실하지 않은 주체, 아직 현실과 연관되어 있는 주체이다.

여기서 전자의 주체는 좀 더 구체적으로 어떤 상태에 있는가? 실재계의 난입으로 상징적 질서가 와해되어 주체는 동요와 혼란 속에 빠져 들고 급기야 근본적인 불안과 함께 무 혹은 공허의 심연 속으로 추락하게 된다. 그럼 〈절규〉의 난장이 인간에게 무슨 일이 일어난 건가? 우리는 먼저 '실재계'의 의미와 그것이 현실 속으로 난입해 들어올 때 취하는 모습, 즉 왜상, 얼룩, 흔적, 비틀림의 의미를 살펴야 한다. 그런데 이 왜상과 얼룩 등을 지젝, 나아가 라캉은 '대상 a'와 연관 지운다.

그렇다면 대상 a란 무엇인가? 대상 a에 대한 라캉의 이해는 그의 사상의 전개 과정에서 다양한 변화를 거친다.[14] 여기서는 대상 a와 실재계의 연관 속에서만 그 의미를 검토하고자 한다.

4. '실재계'와 '대상 a'

라캉의 실재계는 대상 a를 통해 우리에게 나타나며 우리는 그가 아리스토텔레스로부터 차용한 단어인 '투케(Tuche)', 곧 우연한 만남으로 실재계와 간접 대면하게 된다. 그리고 실재계는 외상(trauma) 개념과도 연관이 있다.[15] 나 혹은 주체는 외상을 통해서도 실재계와 대면하게 된다는 말이다.[16] 대상 a는 우연처럼 등장하는 실재계의 출현을

---

14) 에반스(1998),『라깡 정신분석 사전』, 400-2쪽; 호머(2006),『라캉 읽기』, 164-71쪽; Fink(1995). *The Lacanian Subject: Between Language and Jouissance*, pp.84-97. 라캉의 정신분석학에서 '대상 a' 개념이 형성되고 그 의미가 변화하는 과정에 대한 상세한 논의는 임진수(2011-2),『부분 대상에서 대상 a로』 참조. 따라서 우리는 이 책 역시 참조한다.

15) 라캉(2008),『자크 라캉 세미나 11』, 90쪽, 131쪽; Lacan(1998), *The Four Fundamental Concepts of Psychoanalysis: The Seminar of J. Lacan Book XI*, p.55, p.83. 또한 호머(2006), 177쪽. 핑크(2003),『라캉과 정신의학』, 93쪽.

16) 외상은 주체가 외부 자극에 대해 이해하고 이를 통제하는데 무능할 수밖에 없는 상황을 대면했을 때 그에게 일어난 정신적 상처이다. 외상은 개인의 기억 속에 남아 그의 정신에 고착되어 반복적으로 정신장애와 고통을 야기시킨다. 개인은 그 외상을 합리적으로 설명하고 말로 표현하려해도 번번이 실패하

드러내지만 주체는 그 실재계 자체를 직접 대면하지는 못한다. 주체는 그 실재계의 '흔적'과 마주칠 수밖에 없는데, 그게 대상 a이다. 우리는 그 흔적이나 얼룩, 그리고 외상을 통해 실재계와 조우하게 된다.

주체는 실재계와 대면하는 순간 기묘한 낯설음(the uncanny)에 빠져들거나 불안 혹은 공포 속에 휩싸이게 되는데, 그것은 그와 같은 만남의 효과를 우리의 상징적 질서 내의 언어로써는 포착하기 어렵기 때문이다. 또는 상징적 질서 속의 의미화 연쇄가 일상의 현실 속에서 자동적으로 전개되는 과정이 갑자기 멈추고, 마치 우연처럼 주체에게 어떤 불안이 엄습하는데, 그 순간 역시 실재계가 침입하였기 때문이다.

뭉크는 우리에게 〈절규〉와 관련된 특이한 체험을 전하는데, 이 체험은 주체의 실재계와의 우연한 외상적 만남을 구체적으로 보여준다.

> 두 친구와 길을 걸어가고 있었다.
> 해가 지고 갑자기 하늘이 핏빛으로 물들었다. 슬픔의 숨결이 느껴졌다.
> 가슴 아래로 찢어질 듯한 고통이
> 나는 발길을 멈추고 담벼락에 기댔다. 죽을 듯이 피로했다.
> 피의 협만 위 구름에서는 핏방울이 떨어졌다.
> 친구들은 계속 걸었지만 나는 불안에 떨면서 가슴 속의 아물지 않은 상처 때문에 벌벌 떨며 서 있었다.
> 자연을 꿰뚫고 지나가는 거대하고 기이한 절규를 들었다.[17]

고 만다. 이처럼 외상이 상징화될 수 없이 남아 있는 한 그것은 실재이며, 외상을 통해 우리는 상징적 질서 혹은 사회 현실 내부로 완전히 흡수될 수 없는 실재계가 존재한다는 것을 알 수 있다. 호머(2006), 156-7쪽.

17) 프리도(2008),『에드바르도 뭉크, 세기말 영혼의 초상』, 278쪽 참조.

실재계의 출현은 상징적 질서와 내밀하게 서로 결부되어 있다. 우리는 상징적 질서를 전제하고서만 실재계의 존재를 포착할 수 있기 때문이다. 우리는 실재계를 직접 대면할 수 없고 더욱이 언어로 기술할 수도 없다. 단지 그것의 도래를 드러내면서도 가리기 위한 시도, 즉 외상이나 충격 등과 같은 어떤 양태만을 통해 그 속성을 가정할 수밖에 없다. 그렇다면 라캉에게서 실재계는 좀 더 구체적으로 무엇인가? 그리고 실재계와 대상 a는 어떤 관계인가?

'실재계' 역시 라캉의 다른 개념들처럼 그의 사상이 변화해 감에 따라 그 의미가 달라진다. 호머(S. Homer)는 1964년을 경계로 '실재계'의 개념이 변한다고 말한다. 그 이전에 실재계는 욕구가 발생하는 장소이며 그것을 상징화할 방도가 없다는 의미에서 전(前)상징계적이다. 구체적으로 어머니-아이 융합 단계에서 발생하는 원초적 향락의 신체이다. 기호나 대상 같은 것으로서 담론 내부에 도입되지만 그 발원지는 상징적 과정 너머에 있고 욕구의 형태로 우리의 상징적 현실에 침입한다. 그런데 1964년 이후 실재계는 생물학이나 욕구와의 모든 연관성을 상실하게 된다. 이제 실재계는 외상 개념과 연계된다. 상징화를 거쳤음에도 상징화될 수 없어 남아있는 것으로 주체의 중심에 자리 잡아 끊임없이 어긋난다. 언어를 통해 변형될 수 없는 잔여(殘餘)로서 언어 너머의 죽음충동과 '주이상스(jouissance)'와 연결된다.

핑크(B. Fink)는 라캉의 실재계를 두 수준으로 나눈다.[18] 먼저 '문자 이전의 실재계' 혹은 '전상징적 실재계', 곧 R1이다. R1은 언어의 지배

---

18) Fink(1995), p.27.

하에 놓이기 이전, 언어 혹은 상징적 질서에 의해 분리되어 개개의 영역으로 분할되기 이전 아직 찢겨지지 않았고 미분화된 직물(어머니-아이 융합) 같은 것이다. 그리고 실재계(R1)는 상징적 질서의 작용으로 인해 분할되고, 그로부터 개인에게 고유한 '현실(reality)'이 생성된다. 다시 말해서 상징적 질서에 의해 R1이 나뉘고 그 속에서 개인의 삶의 고유한 현실이 만들어진다.[19] 그래서 그 현실은 나름의 역사를 지니지만 개인들이 공유하는 상징적 질서 속에서 형성되기에 언어에 의해 명명될 수 있고 사유될 수 있으며 논의될 수 있는 것이다. 따라서 언어로 말해질 수 없는 것은 현실의 일부가 아니다.

실재계는 언어와 현실에 선행하며 그 외부에 존재한다. 구체적으로 말해서 개개 인간에게 현실은 자신이 속한 모든 문화적이고 종교적인 집단, 하위문화, 가족, 양육자, 친구집단, 법 및 규범 공동체 등이 그 고유의 말, 표현, 의미를 발달시키기에 그 차이에 따라 다양한 모습을 갖게 된다. 곧 현실은 각 개인이 이미 태어나기 전부터 속해 있는 세계에서 갖게 된 견해들에 의해 채색되거나 침윤되어 있다. 지젝에 따르면 이 현실은 그럼에도 불구하고 실재계의 침입으로 인해 언제든지 찢길 수 있는 취약한 상징적 그물망에 불과하며 깨지기 쉬운 평정이다.[20]

다음으로 '문자 이후의 실재계', 상징적 질서에 의해 발생한 실재계, 곧 R2이다. 상징적 질서는 자신의 자동적인 작동 과정에서 자체를 넘

---

19) Fink(1995), p.25.

20) 지젝(1995), 『삐딱하게 보기』, 40-1쪽.

어서는 무언가를 생산하는데, 그것이 또 다른 수준의 실재계, R2이다. 다시 말해서 상징화 이후, 혹은 상징화에도 불구하고 남아 있는 상징화의 잔여로서 R2는 우리의 상징적 질서로써는 포착할 수 없는 외상의 형태로, 회화에서는 왜상(anamorphosis)이나 비틀린 형상으로 나타나고 그러한 형태의 발생 원인이 된다. 또한 그것은 상징적 질서 내의 법의 원활한 기능과 의미화 연쇄의 자동적인 작동을 방해하는 것이다. 핑크는 이를 대상 a로 이해한다.[21]

지젝 역시 핑크와 유사하게 실재계 개념에 내포된 두 가지 의미를 구분한다.[22] 먼저 실재계는 어떤 의미에서 상징계에 선행하고, 그 후에 그것이 상징계의 그물망에 걸려들었을 때 그것에 의해 구조화된다. 여기에서 실재계는 아무것도 결여된 것이 없는 그 자체의 충만함으로 핑크의 R1에 가깝다. 그래서 출발점, '토대로서의 실재계'다. 다른 한편 실재계는 동시에 이러한 상징화 과정의 산물, 곧 잉여 혹은 잔여이다. 다시 말해서 상징화를 모면하는 여분, 나머지, 잉여인 동시에 상징화 그 자체에 의해 산출된 것이다. 이 경우 실재계는 R2에 가깝고, 상징적 질서 한가운데에 뚫린 구멍, 간극이다. 다시 말해서 상징화의 산물, 잔여, 나머지로서 실재계는 상징적 구조에 의해 창조되었으나 그 구조에 의해 둘러싸인 공백, 구멍이다.

그렇다면 상징적 질서에 의해 생성되었음에도 불구하고 그 질서를 허물어 버리는 내부의 구멍 혹은 공백, 나아가 그것을 중심으로 다시

21) Fink(1995), p.83.

22) 지젝(2013),『이데올로기의 숭고한 대상』, 286-9쪽.

상징적 질서와 현실이 구성되도록 하는 원인으로서 실재계(R2), 혹은 대상 a는 구체적으로 어떤 것인가?

지젝 나아가 라캉은 우선 어머니-아이의 융합과 연관된 최초의 만족, 원초적 향락을 가정한다. 주체와 타자의 구별이 생겨나기 이전의 '미분화 상태' 혹은 아이가 어머니(혹은 양육자)와의 분리불가능한 '융합 상태'에서, 어머니는 아이에게 완벽한 대상으로서 주체에게 최초의 만족, 원초적 향락(enjoyment), 무한한 주이상스를 제공한다.[23] 하지만 이 원초적 향락은 아버지의 개입으로 오이디푸스기를 거치며 아이가 상징적 질서 속으로 편입됨으로써 상실되고 만다. 그런데 이후 아이는 그 향락을 상실하였음에도 불구하고 완전히 포기한 것은 아니다. 여기서 주체가 완전한 원초적 만족의 상태로 돌아가기 위해 만들어 내는 것이 환상(fantasy)이고 그 속에서 어머니-아이 통일의 최종적

23) 향락 혹은 '주이상스'는 우리가 현실에서 경험하는 불충분한 쾌락의 너머에서 우리를 만족시키고 채우게 될 그 이상의 어떤 것이다. 우리는 그것이 무엇인지는 모르지만 언제나 부족하다는 느낌이 있으므로 그것이 어딘가에 존재할 것이라고 가정하는 것이다. 현실의 어떠한 향락도 불충분하게 만드는 것, 그래서 어떤 허전함도 완전히 불식시킬 것이라고 가정되는 무한한 주이상스는 곧 원초적 향락과 연결될 것이다. 호머(2006), 169쪽. 그런데 라캉의 주이상스 개념은 이보다 훨씬 복잡하다. 참고로 에반스에 의하면 주이상스의 의미는 다음과 같이 다양하다: ①쾌락의 한 유형, ②오르가슴으로서의 주이상스, ③만족의 부재 속에서 계속 반복적으로 욕망하도록 하는 것, 곧 욕망하기의 주이상스, ④근본적으로 윤리적인 태도로서의 주이상스, ⑤타자만이 접근할 수 있다는 환상 속의 과도한 주이상스, ⑥여성적 주이상스. 에반스(2013), 「칸트 윤리학에서 신비체험까지-주이상스 탐구」 참조. 여기서는 ④와 ⑥의 주이상스는 다루지 않는다. '윤리적인 태도'로서의 주이상스에 관해서는 주판치치(2004), 『실재의 윤리』 참조. 그리고 '여성적 향락(주이상스)'에 관해서는 지젝 외(2005), 『성관계는 없다-성적 차이에 관한 라깡주의적 탐구』 참조.

환기자, 혹은 원초적 향락을 상기시키는 대상이 또한 대상 a이다. 다시 말해서 원초적 만족의 상태, 어머니-아이 통일 상태에서 가졌던 원초적 주이상스는 이미 사라지고 더 이상 존재하지 않는다. 그럼에도 주체는 그 결여, 빈 곳을 환상 속에서 메우려 한다.[24] 대상 a는 그러한 공백이자 결여인 동시에 우리가 상징적 현실 속의 환상이라는 무대를 통해 그 간극을 메우게 되는 대상이다. 요컨대 대상 a는 상징화에도 불구하고 남게 되는 실재계의 잔여, 곧 상징적 질서 속의 공백, 간극, 결여인 동시에 그 결여를 덮어씌워 가리는 무엇이다.[25]

다시 정리하자면, 어머니-아이의 통일과 연관된 완벽한 사랑과 원초적 향락을 가능하게 하는 대상으로서 대상 a는 실제적으로는 이미 상실해 버린, 존재하지 않는 대상이다. 그러므로 표현될 수도, 기술할 수도 없는 대상이며, 결여 그 자체이자 빈 곳의 현존에 불과하기에 획득할 수 없는 대상, 곧 무이다. 한편 주체가 상징계에 진입함으로써 타자, 즉 어머니와 분리되고, 자신을 완전히 만족시키는 대상을 거세의 위협 하에서 영원히 포기하였지만, 그럼에도 불구하고 주체는

24) 홍준기(2008), 『오이디푸스 콤플렉스, 남자의 성, 여자의 성』, 38쪽.

25) 호머(2006), 164쪽. 핑크는 대상 a의 다양한 의미를 다음과 같이 정리한다: ① 상징화의 잔여물-상징화 이후에 혹은 상징화에도 불구하고 남는, 존속하는 실재(R2), ②외상의 원인, ③상징적 질서 내 법칙의 매끄러운 작동과 기표 사슬의 자동적 전개를 중단시키는 그 무엇, ④주체가 전체성의 감각을 유지하기 위해 환상 속에서 고수하는 가설적 어머니-아이 통일성의 마지막 상기물(reminder)이나 잔여물, ⑤대타자의 욕망, ⑥향유(jouissance)의 대상, ⑦분리 과정에서 아이가 가지고 가는 어머니-타자의 한 부분-사물, ⑧분석 과정에서 주체가 되어야/주체화해야 하는 주체의 실존의 외래적이고 치명적인 원인, ⑨주체의 존재, ⑩주인기표의 변증화의 산물. 핑크(2010), 『라캉의 주체』, 158쪽.

상징적 질서 속에서 그 결여를 메우는 운동을 끊임없이 반복한다. 대상 a는 또한 주체에게 그 결여를 메우는 것 혹은 원초적 향락을 허용하는 것으로 여겨지는 어떤 표지, 기호, 사물이기도 하다. 주체는 환상 속에서 대상 a로서의 표지를 가진 타자를 욕망하지만 그러나 충족되지 않는다. 원초적 향락으로서 대상 a는 이미 상실하여 현존하지 않기에 만족은 언제나 실패하기 마련이다. 그렇지만 주체는 끊임없이 그 대리물을 환상의 무대 위에 올리고 마치 잃어버린 그것인 양 강박적으로 추구할 뿐이다. 무용한 정열로 끝날 뿐인데.

주체는 대상 a를 영원히 붙잡을 수는 없다. 또한 그것을 기술할 어떤 상징도 언어 속에서 찾을 수 없다. 그러나 주체는 대상 a를 찾는 부단한 운동 속에서 상징적 현실이 허용하는 향락을 넘어선 만족, 과도한 원초적 향락에 부질없이 이르고자 한다.[26] 물론 이러한 만족은 상징적 현실 속에서는 불가능하다. 상징적 질서 내에서는 더 이상 존재하지 않는 빈 곳이기에 주체는 그 자리를 차지할 수 없고, 추구하면 할수록 그 향락은 불가능하기에 고통으로 귀결할 수밖에 없다. 그럼에도 인간은 그 고통 속의 향락을 향해 계속 나아가는 존재이기도 하다. 비록 그것이 상징적 질서를 벗어나 병리적 양상을 보이더라도 말이다.

그렇다면 인간은 왜 이러한 행위를 실패의 고통 속에서도 반복하는가? 라캉에 따르면 그것은 인간에 내재된 '죽음충동' 때문이다. 따라서 원초적 향락을 향한 충동은 곧 죽음을 향한 충동의 또 다른 측면

26) 홍준기(2008), 26쪽, 40쪽.

이라 할 수 있다. 그것은 상징적 질서 안에서는 결코 충족될 수 없기에 그것을 향한 어떤 시도도 상징적 죽음을 담보로 할 수밖에 없고, 상징적 죽음은 언제나 나의 죽음, 곧 나의 파괴성을 수반하기에 언제나 죽음 충동과 연관된다.

에반스(D. Evans)에 따르면, 라캉에게서 충동은 모두 사실상 죽음 충동이다. 왜냐하면 ①모든 충동은 그 자체의 소멸을 추구하고 혹은 소멸에 이를 수밖에 없기에, ②모든 충동은 주체를 반복에 강박적으로 관여하게 하며, ③모든 충동은 즐거움이 고통으로 경험되는 과도한 향락, 원초적 향락의 영역으로 들어가려는 시도이기 때문이다.[27]

다시 실재계와 대상 a의 관계로 되돌아 와 지금까지의 논의를 정리해 보자. 앞서 보았듯이 대상 a는 상징적 질서를 통해 포착할 수 없는 것, 곧 상징계의 공백, 결여, 빈 곳, 구멍으로서의 실재계(R2)이자 그 공백을 메우는 것이고, 또한 상징적 질서에 의해 산출된 것이기도 하다. 주체는 자신의 정신생활에서 직면하게 된 외상을 통해 그 실재계와 대면하거나, 회화에서는 왜상이나 비틀린 형상 속에서 또한 실재계와 직면하게 된다. 우리는 그 외상이나 왜상 등을 통해, 비록 실재계 그 자체에 이를 수는 없지만 실재계의 특성을 짐작할 수 없는 것은 아니다. 우리는 앞서 어머니-아이 통일 속에서 가정된 원초적 향락과 외상적 강박의 반복이나 스스로를 고통과 파괴 속으로 끌어들임에도 불구하고 추구하는 향락에의 강박 속에서 '죽음 충동'을 실재계(R2)가 드러내는 속성이라고 가정하였다. 요컨대 호머에 따르면, 실재계는

27) 에반스(1998), 377쪽; *An Introductory Dictionary of Lacanian Psychoanalysis*, p.33.

죽음충동과 무한한 주이상스와 연계된다.[28]

지금까지 우리는 〈절규〉의 난장이가 지르는 소리 없는 비명을 실재계와 대상 a 개념을 통해 검토하였다. 그 난장이는 실재계가 난입하여 엄습한 불안과 공포 속에서 직면하게 된 어머니의 과도한 원초적 향락에 삼켜지기 직전의 모습이다. 다음으로는 실재계의 난입에도 불구하고 상징적 질서로의 출구를 찾아가는 소리 지르는 비명이다. 이 경우 주체는 어떤 상태인가? 또한 그것은 어떻게 가능한가? 그러나 여기에서 잠시 앞선 논의에서 제시된 주체의 몇 가지 모습을 구분해 보고 논의를 진행하기로 하자. 지젝은 이 논의에 이어 주체의 정체성에 대한 급진적인 주장을 펼치기 때문이다.

5. 제 3의 주체 혹은 '텅빔'으로서의 주체

먼저 실재계와 우연하게 직면케 된 주체가 있다. 그 주체를 '주체1'이라고 하자. 그는 태어날 때부터 이미 존재하고 있었던 세계, 즉 특정한 상징적 질서 안에서 그 질서 고유의 언어를 사용하며 살아가고 있다. 그는 그 질서 내의 규범과 규칙을 따르고 다른 사람들과 공동체를 이루며 현재 생활하고 있다. 그런데 어느 순간 우연하게 겪게 된 외상을 통해 불안 속에 휩싸이고 공허 속에 빠져들게 되었다. 자신의 질서 안에서 교육받고 훈련받은 방식으로 대처할 수 없는 외상적 충

28) 호머(2006), 157쪽.

격이었기 때문이다. 물론 동일한 질서 내의 다른 사람들도 비슷한 외상과 불안을 경험할 수도 있다. 그러나 그들은 시간이 경과함에 따라 비교적 수월하게 혹은 힘겨울지라도 안정을 찾을지 모른다. 주체1은 어쩌면 새로운 각성을 통해 다른 수준이나 차원의 변형된 삶을 선택할 수도 있을 것이다. 더 이상 주체1의 한계에 예속된 삶이 아닌, 그로부터 벗어난 다른 삶 말이다. 우리는 이러한 변화된 삶의 예를 나중에 뭉크의 그림들을 매개로 만나게 될 것이다. 지금은 이 변화된 주체를 간단히 주체2라고 하자.

그런데 주체2는 주체1과 별반 차이 없는 유사 상태로의 변화일 수도 있다. 말하자면 심층의 심리적 구조의 변화 없이 단지 표면상의 차이에 불과한 선택일 수 있다. 특정 증상이 다른 증상으로 대체된 경우처럼. 하지만 새로운 각성으로 인해 달라진 차원의 존재가 될 수도 있다. 가령 영화 〈처음 만나는 자유(Girl, Interrupted〉)(1999)에서 수잔나(위노나 라이더(Winona Ryder))는 인격의 혼란으로 자해와 자살 시도를 벌이곤 하던 경계성 성격장애자로서의 주체1 상태에서 아직 불안정하지만 그로부터 벗어나 다른 존재, 곧 주체2가 된다. 또한 자서전『나는 재즈광, 히피, 마약중독자 그리고 경계성 인격장애 환자였다(The Buddha & The Borderline)』(2012)에서 키라 겔더(Kiera V. Gelder)는 티베트 불교 명상을 지속적으로 수행함으로써 자신의 병리적 인격 상태(주체1)로부터 벗어나 점차 다른 인격으로 변화해 가는 과정을 고백하고 있다.[29] 그녀는 적어도 또 다른 내면의 능력(영성(靈性))

29) 겔더(2012),『나는 재즈광, 히피, 마약중독자 그리고 경계성 인격장애 환자였다』는 경계성 인격 장애를 가진 '겔더'라는 주체1의 다양한 병리적 상태와 특이

에 의존함으로써 경계성 인격장애의 느닷없는 충동적 침해를 버텨낼 수 있는 힘을 갖게 된다.

그런데 우리는 여기서 그 사이, 즉 주체1과 주체2 사이에는 어떤 간격이, 공허의 순간이 잠시 존재한다는 것을 느낀다.

다시 라캉이나 지젝처럼 말해보자. 주체1은 상징적 질서 안의 법과 규범, 규칙에 따라 안정적인 생활을 하고 있다. 당연히 그 질서 안에서 같은 언어를 사용하는 다른 사람들과 공동체를 형성하면서 말이다. 그런데 우연하게도 외상적 충격을 겪게 됨으로써 자신의 기존 질서 체계가 와해되고 자신은 그 사태를 어떻게 수습할지 모른 채 속수무책으로 멸절의 공포 속에 밀려든다. 이 외상은 어떻게 영문도 없이 그에게 닥쳐왔을까?

다시 정리하자면 주체는 태어나기도 전에 이미 존재하고 있었던 상징적 질서 안에서 태어난다. 그러나 주체는 이 질서를 받아들이기 전 어머니-아이 융합 상태에서 삶을 시작한다. 그 상태는 완전하고 거의 완벽에 가까운 향락을 제공하는 조건을 갖추고 있었다. 그러나 아이는 아버지의 개입과 함께 그 원초적 향락을 포기하고 상징적 질서의 법과 규칙을 받아들이지 않으면 안 된다. 그럼으로써 아이는 그 융합을 영원히 상실하고 만다. 라캉에 따르면 원초적 융합이 제공한 향락은 실재계 속으로 사라진다. 그런데 원초적 향락은 사라지면서 그 흔적 혹은 잔여를 주체의 신체에 남긴다. 그 잔여와 흔적, 곧 실재계로 사라지면서 남기는 내부의 흔적과 그 흔적을 가리면서도 암시하는 어

한 인간 관계(가령 14장의 제목은 '첫 데이트 때 오럴 섹스 금지'이다)를 묘사하는 데 거의 대부분을 할애하고 있다.

떤 외부의 물질적 대상이 앞서 보았던 대상 a이다. 우리는 그 흔적에 불과한 대상 a를 마치 잃어버린 원초적 향락을 제공하는 것인 양 환상을 만들어가며 추구하지만, 대상 a는 이미 사라지고 존재하지 않는 것의 잔여에 불과하기에 그 추구는 실패로 끝나고 만다. 우리는 단지 그 불가능한 목표를 상징적 질서 속에서 반복적으로 욕망하면서 살아갈 뿐이다. 그런데 어느 순간 우리의 잔여이자 찌꺼기 잉여에 불과한 것을 욕망하기에 지나지 않는 것조차도 얼어붙게 만드는 외상적 사건이 일어난다. 지젝과 라캉에 따르면 실재계가 상징계로 귀환하여 주체를 과도하게 삼켜버림으로써 주체는 혼란 속에 빠져들게 되고 그 혼란에 대처하지 못함으로써 불안과 공포 속에 잠겨버리고 만다.

반면 어떤 사람은 그 와중에서도 다행스럽게 공포 속에서 새로운 삶의 실마리를 자신의 질서 안에서 수평적으로 혹은 우리 주체의 다른 차원에서 새로운 힘을 수직적으로 찾을 수도 있다.

주체1은 새로운 선택, 다른 기표를 선택함으로써 주체2로 변화한다. 그러나 이 변화는 단순히 기존의 선택과 유사한 수평적 선택에 불과하거나, 혹은 기존의 기표와는 다른 차원의 기표를 선택함으로써 이전의 주체1의 한계로부터 자유로워져 하게 된 수직적 선택일 수도 있다.

그런데 우리는 선택과 선택 사이, 기표와 기표 사이, 주체1과 주체2 사이에 잠시 어떤 무(無)의 간격이 존재한다고 주장하고자 한다. 어떤 개인에게는 그 간격, 그 사이에서 새로운 기표의 선택이 수직적으로 일어나, 즉 비명이 소리를 갖게 된다. 앞서 겔더는 다행히 영적 차원으로의 수직적 상승을 통해 실재계의 난입에 저항할 수 있는 힘을 갖게 된다. 그러나 다른 누군가에게서는 비명이 소리를 잃고 급기야 비극적 공허의 나락으로 떨어진다. 지젝이 이해하였듯이 상징적 질서의 폐기라는 자폐적 공간에 갇히기 앞서 자살을 선택하는 로스코의 경우에서처럼 말이다.

그러나 로스코의 선택을 가능하게 한 주체는 누구일까? 곧 자살을 선택한 주체는 누구인가? 주체1인가? 아니면 새롭게 존재하게 된 주체2인가? 이때 주체2는 주체1과 어떤 차이가 있는가? 나는 자살을 선택한 주체는 주체2라고 생각한다. 그렇다면 주체2는 무엇인가? 어떻게 등장하게 되었는가? 주체1과는 어떻게 구분될 수 있는가? 그리고 주체1은 로스코의 경우 상징적 질서 안에서 실재계와 현실 사이에서 균형을 잡고 있었다. 그런데 우연한 사건으로 그는 균형의 와해를 경험하게 되고 자신이 절망적 공허 속에 놓여 있음을 깨닫게 되었다. 그런데 그 공허가 주체2, 곧 자살하는 주체로 이끌었을까? 그런데 그 공허가 어떻게 그런 능력을 갖는가?

자살하는 주체2는 그 공허를 절망으로, 새로운 상실의 궁극적 표시로 받아들이는 무엇, 주체1에 내재되어 있던 그 무엇 아닐까? 주체1에게 잠재되어 있었지만 아직 드러나지 않았던 주체의 또 다른 측면이 등장하여 텅빔의 주체를 대체해 버린 것 아닌가? 아마 그 잠재된 것 가운데 가장 주요하고 강력한 힘 가운데 하나가 지젝과 라캉에게서는 상실해버린 것, 곧 어머니-아이 융합이 내포하는 원초적 주이상스이고 죽음충동이다. 이것이 주체에 난입함으로써 주체의 자아와 상징계는 와해되고 그에 수반하는 기분이 격렬한 불안과 공포다. 혹은 그 난입의 강도가 덜하다면 기묘한 섬뜩함(the uncanny)이 느껴질 것이다. 그러나 이 기분과 정서 자체가 바로 자살로 이끄는 것은 아니다. 자살은 그 기분 앞에서 내려진 또 다른 선택이다. 그 선택의 주체는 주체1에게 내재된 또 다른 측면인 미성숙한 애처로운 저 〈절규〉의 난장이일 수 있고, 어쩌면 누군가의 숭고한 결단일 수 있다. 그래서 나는 주체1과 주체2 사이에는 주체의 또 다른 모습, 텅빔과 무의 주체, 곧 주체3이 존재한다고 생각한다.

'자살'이라는 선택 이전에, 그리고 실재계의 난입 속에 빠져든 주체1을 바라보고 자살이라는 선택을 하는 주체2 사이에 또 다른 주체, 즉 주체1과 주체2 사이에 제3의 주체, 주체3이 존재해야 한다. 로스코는 주체3을 통해 주체1을 바라보았고 그 순간 새로운 선택이 요구되어 결국 자살이라는 선택을 하는 주체2가 된 것 아닌가? 거리를 두고 바라보는 주체3이 자살하라고 부추겼을까?

반면 뭉크의 성장이 멈춘 난장이는 공포에 질려 비명이 목구멍에 막혀 소리가 나지 않았지만 그 속에서도 로스코와 다른 선택을 하여 구별되는 주체2가 된다. 지젝은 뭉크가 〈절규〉를 그리고 나서도 오랜 세월 비록 정신의 위기를 여러 차례 겪기도 하지만 살아남았다는 사실을 알고 있기에 그 절규가 다른 한편 선택과 결단에 이어지는 목소리라고 주장하며 애매해지기로 결심한다.[30]

그런데 지젝 역시 주체3의 존재를 감지한 듯하다. 그러나 그는 '텅빔' 혹은 '무'의 서로 다른 의미를 놓치는 듯하다. 그래서 그의 주체의 정체성도 보완되어야 한다. 지젝에 따르면 〈절규〉의 비명은 또한 주체성의 새로운 차원이 개시되는 몸짓이기도 하다. 즉 자신 속으로 밀려들어오는 실재계로부터 위축되고 말지만, 동시에 그것으로부터 최

30) 지젝(2008), 199쪽.

소한의 거리를 취하는 몸짓이기도 하다. 다시 말해서 실재계의 난입으로 위축된 주체1로부터 최소한이나마 거리를 두는 주체는 누구인가? 그 역시 주체1인가? 지젝은 여기서 주체의 본래적인 분열을 알아차린다. 그리고 그에게서 또 다른 의미를 갖는 주체가 등장한다.

와해된 주체1과 거리를 두는 순간 주체는 가장 근본적인 차원에서 두려운 진공, '공포스러운 빈 곳', '텅빔(emptiness)'에 다름 아니라는 것을 깨닫는다. 주체의 이러한 정체성, 즉 텅빔, 무, 결여가 주체를 위한 또 다른 이름이다. 이는 주체가 그 자신의 내용(이상적 자아(ideal ego), 자아이상(ego-ideal), 초자아(super ego), 현실적 자아 등)이 완전히 소거되는 지점에서 만나게 되는 것이고, 그 지점에서 주체는 자신의 본래 모습을 드러낸다. '텅빔으로서의 주체' 말이다.[31]

다시 말해서 이것은 주체가 상징적 질서 속에서, 외부에서 자신의 것이 될 기표, 자신이라고 표상할 어떤 페르소나(persona)를 더 이상 찾을 수 없다는 것이고, 이러한 표상의 실패가 곧 주체의 본래적 조건이며 이러한 실패로 열려진 공백, 결여가 곧 주체의 실제 모습이다.

그런데 지젝은 경계성 성격장애 환자의 보고로부터도 '텅빔'으로서

31 히라노 게이치로에 따르면 개인(個人, individual)으로서의 나 혹은 주체는 '하위-나'들로 구성되어 있다. 그는 이를 '분인(分人, dividual)'이라 부른다. 말하자면 개인은 다양한 분인들로 구성되어 있다. 그래서 이제 인간에 대한 이해는 개인 단위가 아니라 분인 단위에서 접근되어야 한다. 이 주장은 정신분석학의 관점에서 보면 그렇게 새로운 시각은 아니다. 분인이 개인으로서 나 혹은 주체에 등장하는 기제는 너무나 다양하고 복잡하다. 나는 앞으로 어떤 하위-나 혹은 분인이 존재하고 그들이 어떻게 출연하는지를 구체적으로 탐색할 것이다. 히라노 게이치로(2015), 『나란 무엇인가』, 2장 참조.

의 주체성을 발견한다.[32] 말하자면 개별적 주체가 자신의 발달 과정에서 경험하게 되는 심리적 장애나 갈등에서 비롯하는 '무의미성'이나 '텅빈 느낌'을 인간 주체의 본래적 특성으로 삼는다. 하지만 경계성 성격장애 환자나 신경증자가 삶의 특정한 위기 순간에 겪게 되는 텅빔이나 허무감은 실존적 차원의 삶의 고뇌로 야기된 무나 공허, 나아가 자아초월적(transpersonal) 차원의 '공(空, Emptiness)'과는 구분할 필요가 있다. 심지어 더 엄격하게 구분하자면 경계성 성격장애자와 신경증자가 체험하는 불안이나 텅빔도 서로 다르다고 할 수 있다. 그리고 주체3의 텅빔은 차라리 '공'에 가까운 듯하다. 어떤 내용도 없기에. 그래서 병리적 공허나 허무가 아니다.

이제 우리는 지젝의 논의 맥락 안에서도 서로 다른 주체를 구분할 수 있다. 가령 경계성 성격장애자에게서 먼저 상징적 질서에 의해 구조화된 주체, 즉 선행하는 법과 규범, 규칙에 예속되어 있는 '상징적 주체' 혹은 '문화적 주체', 다음으로 경계성 성격장애를 가진 '정신병리적 주체', 그리고 '텅빔으로서의 주체'가 그것이다. 미리 말해서 나는 주체1에게도 현재 그에게는 위의 세 가지 주체의 하위 단위가 존재한다고 간주한다. 그래서 경계성 성격장애자가 자신에게서 발견하는 증상으로서의 텅빈 느낌, 절망적 공허감은 주체3의 텅빔과는 구분되어야 한다. 정체성 장애자가 외상을 통해서 실재계와 대면함으로써 갖

32) 지젝(2008), 235쪽. 2장에서 우리는 반 고흐가 경계성 성격 장애자임을 검토하였다. 반 고흐가 증상으로 경험한 극심한 우울감이나 공허감이 주체의 본래적 조건, 곧 텅빔을 의미할까? 즉 증상으로서의 공허나 텅빔과 주체의 존재론적 조건으로서의 텅빔은 다르지 않을까?

게 되는 공허감이 공포스러운 것은, 혹은 자해를 하거나 자살 시도를 되풀이하는 것은 텅빔으로서의 주체의 특성이 아니다. 그 역시 혼란스러워진 자신 속에서 순간 그 자신과 거리를 두는 텅빔으로서의 주체가 등장한다. 그러나 주체1은 그 존재를 알아차리지 못한다. 이 존재가 주체3이다. 그런데 경계성 성격장애자의 주체3은 자신의 병리적 특성을 가진 잠재된 주체에 의해 바로 낚시질 당한다. 그래서 주체1은 '행동화(acting out)' 혹은 '행위로의 이행(passage to the act)'을 통해 주체2가 된다.[33] 따라서 나는 주체3은 주체에게 일어나는 어떤 사건조

---

33) 주체는 과거의 외상적 사건들이 억압되어 기억할 수 없으면 분석을 통해 점차적으로 회상할 수 있다. 그러나 주체는 일상의 통상적인 행위와는 구분되는 외상과 관련된 행위를 자신도 이해하지 못한 채 무의식적으로 하게 된다. 라캉에 따르면 그 동기를 알 수 없는 주체의 그와 같은 행위는 충동적으로 표출되는데 '행동화'와 '행위로의 이행'이라는 개념으로 구분된다.

행동화는 주체가 여전히 상징적 질서와의 연관 속에 있으면서 타자에게 던지는 상징적 메시지라고 한다면, 행위로의 이행은 상징계로부터 실재계의 차원으로 도주하는 것이다. 다시 말해서 행동화는 상징계에 등록되어 있기에 그 속의 타자에게 이해를 구하는 몸짓이다. 그러나 행위로의 이행은 상징적 그물망으로부터의 탈출이고 상징적 질서의 폐기를 의미한다. 행위로의 이행 속에서 주체는 해체된다.

〈절규〉의 난장이가 지르는 비명이 소리가 난다면, 그것은 자신의 공동체 속의 누군가에게 그래도 구원의 메시지를 전하는 것이다. 비록 그 자신은 왜 절규하는지 알지 못하지만. 반면 그 비명이 목구멍에 걸려 소리가 나지 않고 범람하는 실재계의 난입 속으로 삼켜진다면, 그는 충동적인 자살을 선택할지도 모른다. 여기서 전자의 소리나는 비명이 '행동화'이고 후자의 소리나지 않는 비명은 '행위로의 이행'이라 할 수 있다. 에반스(1998),『라캉 정신분석 사전』, 330-1, 424-30쪽.

주체가 수행하는 자살에도 두 가지 유형이 있다. 첫 번째 유형은 외상적 사건 이후 실재계의 난입으로 상징적 질서가 와해되어 주체가 결코 회복할 수 없어 스스로 자기소멸의 행위, 즉 '행위로의 이행'으로 나아가는 경우이다. 이 행위는 더 이상 상징계의 타자로부터 반응을 불러내려고 하지 않는다. 두 번째 유

차도 거리를 두고 '바라보고 관찰하는 텅빈 무의 주체'라고 가정한다. 주체2는 주체3의 존재를 알아차리지 못한 채 혹은 설혹 알아차린다 하더라도 그 이후에 등장하는 존재이다. 그것은 주체3을 바탕으로 하여 주체1과 유사하게 단순 변화하는 주체이거나, 또는 주체1에 잠재되어 있던 고착 지점으로 병리적 퇴행을 한 주체이거나 혹은 다른 차원으로 수직적 상승을 이룬 존재이다.

이 문제와 관련해서는 나중에 다시 다룰 것이다. 바로 이어가기에 앞서 우리의 논의를 수월하게 하기 위해 뭉크의 그림들을 다시 거쳐 가고자 하기 때문이다. 그렇게 하면 우리의 글이 좀 덜 어렵지 않을까 해서다.

6. 〈병든 아이〉(1886)와 《삶의 프리즈》 연작

6.1 '영혼의 회화'

뭉크는 〈병든 아이〉(도판 6)를 1885년부터 그리기 시작하여 이듬 해 노르웨이의 수도 크리스티아니아(지금의 '오슬로')의 '가을 살롱전'에 전시하였다. 그림에서 침대 등받이에 베개를 세우고 기대 앉아 바깥을 바라보고 있는 소녀는 누나 소피(Sophie Munch)이다. 소피는 15세

형의 자살은 상징계의 타자로부터 반응을 얻으려는 최후의 필사적인 시도라고 할 수 있다. 이런 자살은 '행동화'인데 주체는 여전히 상징적 질서와 연결되어 있음을 믿고 있다. 그는 자신의 고통을 인정받고자 타자에게 호소하고 있는 것이다. 살레츨(2015), 『불안들』, 72-4쪽 참조.

때 폐결핵으로 사망하였다. 침대 옆 깊은 슬픔에 잠겨 고개를 숙이고 있는 여인은 이모 카렌(Karen Bjolstad)이다.

소피의 시선은 저기 창밖을 향해 머물러 있지만 그림의 오른 쪽엔 커튼의 일부만 조금 보일 뿐이다. 그 아래엔 탁자가 흐릿하게 그려져 있고 유리잔이 놓여 있다. 오른 쪽 면의 그 밖의 다른 부분은 배경으로 색이 거칠고 투박하게 칠해져 있다. 짙은 갈색과 녹색 물감을 붓으로 짧게 혹은 길게 죽죽 그어 놓기도 하고 더 어두운 색으로 무언가를 흔적 없이 지운 듯한데, 사실 그 부분 아래에는 원래 창과 창틀, 그 옆에 놓인 화분, 커튼 등이 그려졌었다 한다. 그러나 소피가 병상에서 죽음을 맞이하던 당시의 그 충격적 상황과 아픔을 가슴 속에 새겨져 있던 그대로 드러내기 위해서인지 작업 과정에서 모두 지워졌다. 지워진 면으로 좀 더 접근해서 보면 뭉크가 캔버스를 긁고 물감을 흘리면서 처음 보았던 그 이미지와 기억을 다시 포착하고자 얼마나 강박적으로 캔버스에 다가갔는지 짐작할 수 있다. “나는 이 그림을 수도 없이 다시 그렸다. 화면을 긁고 그 과정에서 얼룩이 지도록 했으며, 첫 인상을 포착하기 위해 노력하고 또 노력했다.”[34]

그림의 왼쪽 면에는 낮은 찬장이 흐릿하게 묘사되어 있고 그 위에 약병인 듯한데 테두리가 불분명하고 배경 색과 차이나지 않아 형태가 모호하다. 정면의 소녀는 고개를 돌려 애잔하고 슬픈 눈으로 저 바깥 뭔가를 응시하고 있지만 한편으로 담담한 표정을 하고 있어 자신의 병과 죽음의 공포 속에서도 초연해 보이기까지 한다.

---

34) 프리도(2008), 170-1쪽 재인용.

이 그림은 당시 전시에서 비평가들로부터 혹독한 비판을 받았다. 그들은 일말의 이해는커녕 격노에 차서 거의 인신공격이나 모욕에 가까운 언설을 쏟아 내었다. 그러나 지금은 표현주의 미술의 획기적 작품으로 미술사에 남아 있다. 1886년 반 고흐는 아직 사실주의적 기법에 머물러 있었고, 퐁타방(Pont-Aven)에 머물러 있던 고갱 역시 별다른 기법상의 독특성을 보여주지 못하고 있었다. 당시 비평가들이 뭉크가 무엇을 표현하였고, 어떻게 표현하였는지를 전혀 짐작조차 할 수 없었던 것은 당연하였다.[35]

(도판 5) 〈병든 아이(The Sick Child)〉(1886),
캔버스에 유화, 119x118.5cm

그렇다면 이 그림은 무엇을 표현하고 있고 어떻게 그려졌을까? 이 물음을 위해선 잠시 뭉크의 삶을 들여다보아야 한다. 뭉크는 1863년 12월 12일 노르웨이의 뢰텐(Løten)에서 태어났다. 그곳은 군의관인 아버지의 근무지였다. 곧 이듬해 크리스티아니아로 이사하였다. 1868년 5세 무렵 어머니 레우라(Raura Munch)가 폐결핵으로 사망하였다. 그리고 1877년에는 누나 소피가 15세라는 나이로 역시 폐결핵으로 사망한다. 어머니의 이른 죽음으로 깊은 상실의 고통 속에서 어린 시절을 보내고 있었던 뭉크에게 소피의 이른 죽음은, 어머니 역할을 대신하던 누나였기에 또 다른 엄청난 상실의 고통이었다. 프리도(S. Prideaux)는 소피가 뭉크에겐 어머니와 다름없었다고 전한다. "엄마는 소피를 통해 되살아났다. 모성애의 상실감을 느꼈던 뭉크는 소피에게서 보이는 어머니를 숭배했다. 소피는 모성적이었으며, 지혜롭고 인자하고 부드럽고 인내심이 있었다."[36] 뭉크는 소피의 죽음이 가져온 정신적 충격에서 끝내 벗어나지 못하였다. 그녀에 대한 스산한 그리움은 평생 가시지 않았다. 그는 소피가 마지막 숨을 거둔 의자를 평생 간직하였다.

뭉크 역시 어린 시절 병약하였다. 유년기부터 내내 겨울엔 절반을 침상에서 보냈다. 열 세 살이던 1876년 그 자신 폐결핵에 걸려 사경을 헤매다 기적적으로 살아났다. 네 살 아래 여동생 레우라는 십대 중반

35) 프리도(2008), 175쪽. 왓킨스(P. Watkins) 감독은 1974년 연출한 영화 〈에르바르드 뭉크(Edvard Munch)〉에서 뭉크가 〈병든 아이〉를 그리던 당시 상황과 작업 과정 그리고 미술사에서의 의의 등을 비교적 상세히 다루고 있다.

36) 프리도(2008), 73쪽.

이미 광기의 조짐을 보이고 있었다. 뭉크는 그 당시를 회고하며 다음과 같이 회상하였다. "질병과 광기, 그리고 죽음은 내 요람 위를 맴도는 악령이었다."[37]

〈병든 아이〉는 뭉크가 스스로 회화적 목표로 삼은 '영혼의 미술(soul art)'을 실천한 최초의 작품이었다. 그는 이것을 '비누미술(soap art)'과 구분하였다. 인상주의에 대한 비판을 함축하는 비누 미술은 사물의 표면 위에 놓인 것에만 관심을 기울인다. 자연에 대해서도 그 감각적 외피의 인상만을 현시하는 게 전부다. 이것은 우리가 체험하고 살아가는 삶과 무관한 미술이다. 반면 영혼의 미술은 삶에서 그 주제를 길어 올리고 삶을 위한 작품을 지향한다. 그래서 화가 자신의 실제 삶이 모든 표현의 주 원천이 되어야 한다. "나의 예술을 통해 삶과 그것의 의미를 스스로 해명하려 시도해 왔다. 동시에 나는 다른 이들이 자신의 삶과 대결하는데 도움이 되고자 하였다"라고 뭉크는 일기에 쓰고 있다. 그가 비록 자신의 개인적 체험에서 비롯한 주관적 차원을 표현하는 데서 예술을 시작하였지만 그 의미가 단순히 개인의 특수성에 머무는 것이 아니라 동시에 우리 모두에게 적용되는 보편적인 삶의 문제로 받아들여질 수 있도록 만들고자 하였다. 그래서 인간을 사로잡고 감동시킬 수 있는 예술, 인류에게 선물이 될 예술을 하고자 하였다. 그렇다면 영혼의 회화를 어떻게 그릴 것인가? 그리고 치유의 회화는 어떻게 가능할까?

---

37) 프리도(2008), 87쪽.

6.2 '네 삶을 기술하라'

1885년 뭉크는 크리스티아니아의 보헤미안 운동에 가담하였다. 이 운동의 참여자들은 참혹한 노동 현실과 극심한 빈부 격차에 대해 비판하며 보다 정의롭고 나은 사회 질서를 쟁취하기 위해 싸웠고, 시민 계급의 도덕적 기만과 고정된 관습에 반발하였다. 또한 자연스러운 욕구를 억압하는 기독교의 도덕관과 사회의 보수적 가치를 부정하였다. 나아가 남녀의 사회적·경제적·성적 평등을 주장하여 가부장제적 체제 속에 종속되어 있던 여성의 지위를 해방시킬 것을 강변하며 자유연애를 주장하였다.

뭉크는 처음에는 보헤미안 운동의 긍정적인 진보적 이념들에 공감하는 태도를 취하지만 기독교 신앙 속에서 성장하였고 교육받았기에 이 집단 속에서 비교적 소극적일 수밖에 없었다. 무엇보다도 그 구성원들이 실제 보여주는 부정적인 면들을 목격하고선 이 집단의 구성원들과 점차 갈등 관계에 빠지게 되었다.

집단의 젊은 구성원들이 겪고 있는 혼란과 일부 청년들이 보여준 비극적 결과들, 가령 알코올 중독, 매독, 자살 등을 보며 결코 그 운동에 깊숙이 개입하지 못하였다. 언제나 아웃사이더이자 관객으로 일정한 거리를 두었고, 종국에는 그들 내부에서 벌어진 성과 사랑에 대한 모순적인 태도로 인해 뭉크는 더욱 그 집단으로부터 멀어져 갔다. 그들이 자유연애라는 명목으로 벌이던 애정 관계 내부에는 시기와 질투, 위선과 모함 등이 뒤엉킴으로써 혐오스러운 결말들을 연출하였으며 그들이 목청 높여 비판하던 부르주아 계급들보다 더욱 추악한 사태를 드러내었다.

뭉크는 결국 보헤미안 운동과 결별하지만 이 과정에서 그들이 내세운 황당하기까지 한 아홉 가지 계명 가운데 첫 번째 강령, 즉 '너 삶을 기술하라'만은 그 이후 자신의 예술적 삶의 전 과정에서 일관되게 유지하였다.[38] 이것은 보헤미안 운동의 실질적 리더였던 예게르(H. Jaeger)가 주장한 '글쓰기 치료(writing cure)'와 연관된 것이었다.

글쓰기 치료는 프로이트의 정신분석적 치료인 '말하기 치료(talking cure)'보다 먼저 주장된 것으로서 심리 분석의 선구적 지위를 갖는다. 그것은 가장 이른 시기의 기억 중에서도 가장 심층에 놓인 갱도를 파헤치는 작업이다. 개인은 심오한 자기 성찰을 수행하여 고통스러운 어린 시절의 심리적 현실에 직면함으로써 자유를 획득할 수 있다. 또 이를 통해서만 개인은 자신이 어떻게 특정한 가정환경 때문에 왜곡되었고 무기력해졌는지를 이해할 수 있다. 이처럼 자신의 왜곡된 상태와 부조리한 환경을 인지하고 나면 그 환경으로 인해 뒤틀려버린 자아로부터 벗어날 수 있는 힘이 생성되고, 이 지점에 도달한 인간이 '자유인'이고 스스로 변형을 이루어낸 인간이 될 수 있다.

뭉크는 예게르의 제안을 따라 자신의 슬픔과 고통의 근원이 되는

---

38) 보헤미안 운동의 아홉 가지 계명은 다음과 같다: ①네 삶을 기술하라. ②가족적 뿌리들을 일절 근절하라. ③네 가족과 모든 선배들을 끝도 없이 불쾌하게 만들라. (부모는 아무리 박해해도 지나치지 않다.) ④5크로네 이하는 빌리지 말라. ⑤비에른스티에르네 비에른손이나 크리스토 페르, 크리스토 페른센, 콜벤스베트 같은 농부들은 모조리 증오하고 경멸하라. ⑥셀룰로이드 커프스를 절대 달지 말라. ⑦크리스티아니아 극장에서는 반드시 스캔들을 만들라. ⑧절대로 후회하지 말라. ⑨네 스스로 목숨을 끊을지어다. 프리도(2008), 150쪽. 또한 아르놀트(1997), 『뭉크』, 45-6쪽.

억압된 기억과 감정을 화폭에 그대로 분출함으로써 자신의 구조화된 비극을 버티고 극복하고자 하였다. 따라서 기존의 미술 관습을 따르는 대신 자기 관찰에 따라 한 치의 거짓 없이 진실되게 그리기 위해 시각적 관찰 과정을 분석하고 특정 순간에 체험한 사건을 정확히 시각적으로 분리해서 표현할 수 있는 능력을 키우고자 혼신을 다하였다.

〈병든 아이〉는 이 노력이 처음으로 결실을 맺은 작품이라 할 수 있다. 그것은 그 시기를 감안할 때 최초의, 그리고 최고의 표현주의 걸작이며 서양 미술사에서 완전히 새로운 양식으로 구성된, 전대미문의 그림이었다. 그 체험의 진정성을 있는 그대로 표현하고자 하는 치열한 시도가 새로운 기법과 방법을 만들어 낸 것이다.

또한 이 작품에는 글쓰기 치료의 절차를 따라 오랜 시간 동안 이루어진 정신의 자기 분석의 결과가 나타나 있으며, 그 속에는 가장 고통스러운 기억들, 즉 누나 소피의 죽음과 그것에 직면한 어린 뭉크 내면의 무기력감과 죄책감 그리고 어머니를 향한 연민과 죽음으로 인한 상실의 눈물까지 함축되어 있다.

6.3 《삶의 프리즈》

그 후 뭉크는 자신이 살아가면서 체험한 삶의 열정과 고통, 고뇌를 있는 그대로 표현하고자 하였다. 그리고 그 표현이 보편적 공감을 얻도록 하기 위해 시각적 관찰 기능과 능력을 끊임없이 다듬었고 내면을 응시하였다.

뭉크의 《삶의 프리즈》는 1902년, 3~4월 베를린 분리파 전시에 처음

체계적으로 선보였다. 그것은 인생을 나타내는 주제들을 표현한 그림들로 구성된 연작이다. 내밀하고 섬세한 영혼이 겪게 되는 삶의 순환 과정에서 일어나는 사건들을 보여주는 그림들로서 '삶과 죽음과 사랑에 관한 시'였다.[39]

《삶의 프리즈》는 네 개의 주제로 나뉜다. 먼저 '사랑의 씨앗'으로 사랑의 깨달음을 표현하였다. 관련 작품으로는 〈키스〉(1892), 〈목소리〉(1893), 〈눈맞춤(Eye in Eye)〉(1895), 〈마돈나〉(1894), 〈해변에서의 춤〉(1900) 등이다. 남녀가 서로 첫사랑의 떨림에 가슴 설레하고, 차츰 매혹을 느끼면서 서로에게 끌려 마침내 성에 눈뜨고 절정에 이른다.

다음은 '사랑의 피고 짐'이다. 사랑으로 인해 빚어지는 여러 고통들이 표현되었다. 섹스는 쾌락과 함께 수치심과 죄책감을 동반하고, 사랑이 진행됨에 따라 역설적이게도 소유욕과 질투심이 유발되며, 종국에는 권태와 지독한 우울감에 휩싸이기도 한다. 관련 작품들에는 〈재(災)〉(1894), 〈뱀파이어〉(1893), 〈질투〉(1895), 〈삶의 춤〉(1899-1900), 〈멜랑콜리〉(1894-5) 등이다.

세 번째 주제는 '불안'이다. 개인에게 엄습해 오는 불안의 다양한 형태가 묘사되었다. 〈절규〉(1893), 〈불안〉(1894), 〈카를 요한 거리의 저녁〉(1894), 〈붉은 담쟁이〉(1898-1900) 등이다.

네 번째 주제는 '죽음'이다. 이 주제를 구성하는 그림들 가운데 〈병실에서의 죽음〉(1893), 〈임종〉(1895), 〈죽음 어머니와 아이〉(1893-9)는 어머니와 누나 소피의 이른 죽음에 내재된 어린 시절의 상실감과 죽

39) 호딘(2010), 『에드바르 뭉크』, 60쪽.

음의 공포를 그리고 있다. 그는 노년에 이르기까지도 이 주제로 반복해서 되돌아오는데 그의 대부분의 그림들에 잠재된 사라지지 않는 상처이고 외상이었다.

〈물질대사(metabolism)〉(1898)는 대개 연작의 마지막 작품으로 전시되었다. 사랑과 그 고통, 불안, 죽음 다시 사랑으로 이어지는 삶의 과정의 근원으로서 영원한 생명력의 순환을 나타내고자 하였다.

뭉크는 삶에서 스스로 겪게 되는 여러 상처들과 고통들, 불안과 전율, 절망, 고뇌가 밀려올 때마다 그 속에 휩싸여 동화되어 있다가도 어느 순간 동화되어 있던 자신에게서 거리를 두고 주시하고 관찰하였다. 그리고 그 결과를 화폭에 온전히 싣고자 그리고 또 그렸기에 보편적인 공감을 얻어내는데 성공하였다. 가령 1984년 그려진 작품 〈재〉(도판 6)를 살펴보자.

(도판 6) 〈재(Ashes)〉(1894), 캔버스에 유화, 120.5x141cm

6.4 〈재〉(1894)와 주체3

그림에서 먼저 풀어 헤쳐진 속옷과 붉은 내의를 입은 한 여인이 눈에 들어온다. 머리카락은 헝클어지고 길게 흘러 내렸는데 좌측 하단에 왼 손으로 머리를 가리며 고개를 숙이고 있는 남자의 굽어진 어깨까지 이어져 있다. 두 사람은 조금 전 정사(情事)를 나누었다. 그러나 남자는 곧 후회나 죄책감에 휩싸인 듯하다. 여인은 이 상황이 황당하였는지 양 손으로 머리를 감싸며 당혹스러워 한다.

그림 속의 남자는 뭉크고, 여인은 밀리 테울로브(Millie Thaulow)이다. 그녀는 뭉크의 먼 사촌 형의 아내다. 두 사람은 보헤미안 사교 모임에서 처음 만났고 얼마 지나지 않아 교제가 시작되었다. 먼저 유혹한 건 밀리였고 그녀는 뭉크의 첫사랑이었다. 뭉크는 처음으로 그녀와 키스를 하였고 성적 욕망과 열정에 눈뜨게 되었다. 그러다 달이 환하게 비추는 어느 날 밤, 마침내 편백나무 숲 속 그늘진 곳에서 정사에 이르게 되었다. 그러나 정사 이후 뭉크에게 복잡한 감정들이 밀려들었다. 유부녀와의 간통은 죄책감을 불러 일으켰다. 강한 성적 갈망을 자신의 의지로 극복하지 못하였다는 후회와 무기력감이 일어나기도 하였다. 그런데 무엇보다도 그를 두렵게 한 것은 이 모든 예상할 수 있는 결과조차도 허물어버리는 그녀의 열정적인 힘이 그에게 덮쳐왔다는 사실일 것이다.

뭉크와 밀리와의 관계는 얼마 지나지 않아 끝난다. 밀리가 다른 남자와 교제를 시작하였기 때문이다. 그러나 뭉크는 질투와 우울 속에서도 밀리를 잊지 못하고 그녀 주위를 배회하다 결국 포기하게 된다.

그 후 뭉크 역시 다른 여인들과 새롭게 교제를 하게 되지만 언제나 그 관계는 길게 이어지지 못하였다. 그는 평생 독신으로 살았다. 물론 그렇다고 뭉크가 금욕적인 삶으로 일관하진 않았다. 그는 매춘부를 자주 찾았고 일시적인 짧은 만남들을 가졌다.

사랑의 대상 선택에서 뭉크도 문제가 없지 않았다. 그는 어머니와 누이의 이른 죽음이 남긴 상처로 인해 강렬한 사랑의 갈망과 성적 욕망을 갖게 되었다. 그러나 막상 누군가와 점차 친밀한 관계에 이르게 되면 그녀에게 삼켜질지도 모른다는 두려움을 빠진다. 그래서 거리를 두게 되면 다시 상실의 불안과 우울감을 느꼈다. 아마 우리 모두 정도의 차이는 있지만 뭉크와 유사한 심리 상태를 가지고 있을 것이다. 그러나 뭉크에겐 이 딜레마는 좀 더 심각하였고, 오래 동안 여기서 자유롭지도 못하였다. 이 딜레마는 그의 심리의 견고하게 구조화된 패턴이었고, 지금으로서는 '애착장애(attachment disorder)'로 일컬어질 수 있을 것이다.

이 패턴은 뭉크의 주체1을 지배하는 주요한 무의식적 내용이다. 이 패턴이 행동화를 통해 드러난 다양한 모습들은 뭉크에 의해 그림으로 표현되었다. 그림 제목들이 암시하듯이 욕망, 불안, 공포, 우울, 절망, 죄책감, 죽음 등 온갖 삶의 모습들이 구체적 형태를 얻게 되었다. 그런데 여기서 이 모습들을 누가 그렸을까? 무엇이 이 삶의 다양한 면면을 기술하였을까? 다른 어느 관점을 취하지 않고 있는 그대로 자신을 기술하고 그리는 것은 무엇인가? 그것은 무엇보다 주체3과 관련된 힘이 아닐까? 주체의 다른 어떤 내용도 주체3의 텅빔을 차지하기 전 주체3의 주시와 응시가 전제되어야 하지 않을까?

뭉크가 이 주시하는 텅 빈 관찰자, 주체3의 존재를 알고 있었는지는 확인할 수 없다. 그러나 그는 자신의 죽음 마지막까지 이 주체를 무의식적으로 전제하였다는 건 확실하다. 다음은 앞의 논의를 다시 이어받아 부연한 뒤 뭉크의 주시적 그리기, 관조(觀照)의 그리기에 대해 말해 보겠다.

7. 텅빔으로서의 주체: 지젝과 윌버

먼저 2장의 (도표 1)을 다시 참조하기 바란다. 윌버에 따르면 인간의 의식은 기본적으로 10가지 수준 내지 단계를 가진다: ①감각물리적(sensoriphysical) 수준, ②환영-정동적(phantasmic-emotional) 수준, ③표상심(representation mind) 수준, ④규칙-역할심(rule/role mind) 수준, ⑤형식적-반성심(formal-reflexive mind) 수준, ⑥비전-논리적(vision-logic) 수준, ⑦심혼적(psychic) 수준, ⑧정묘적(subtle) 수준, ⑨인과적(causal) 수준, ⑩비이원적(non-dual) 수준.[40]

다시 말하는 것이지만 의식의 이러한 기본 수준은 모든 개인 존재 안에 이미 내재되어 있는 구조적인 잠재능력이다. 따라서 누구든지 개인은 본래적으로 이 10가지 단계를 거쳐 성장 발달해 갈 수 있다. 그런데 통상 개인은 그 성장 과정에서 순조롭게 각각의 단계를 거쳐 가

40) 이하 의식의 기본 구조 및 자아초월적 영역 혹은 인간의 초인간적 지대의 영적 차원들에 관한 자세한 논의는 윌버(2005),『모든 것의 역사』, 10, 11, 12, 13장; 윌버(2006),『세상에서 가장 아름다운 용기』, 255-75쪽,, 윌버(2008),『통합 심리학』, 131-62쪽, 그리고 Wilber(2000), *Sex, Ecology, Spirituality*, 5, 6, 7, 8장 참조.

지는 못한다. 말하자면 ③표상심 수준은 ②환영-정동적 수준을 초월하여 나아가는 단계인데 그렇다고 ②환영-정동적 수준을 억압하여 분리하거나 배제하면 문제가 발생한다. 제대로 ③표상심 수준에 이르기 위해서는 ②환영-정동적 수준을 포함하면서 초월하는 과정을 거쳐야 한다. 만약 그렇지 못하고 ③표상심 수준에 이르게 되면 그로 인한 특정 병리가 발생한다. 지젝이 예로 들고 있는 경계성 성격장애가 그에 해당된다. 그리고 정신신경증은 ③표상심 수준에서 ④규칙-역할심 수준으로의 순조롭지 못한 발달 과정에서 일어나는 대표적 병리 현상이다. 말하자면 2장 (도표 1)의 '대응 분기점의 특징적 병증'에서 해당 병리적 특성의 위치를 확인할 수 있다.

여기서 우리는 윌버를 따라 먼저 ⑥의 '실존적 수준'과 '실존적 갈등'을 구분할 필요가 있다.[41] 실존적 갈등은 자아 발달의 모든 개개 단계에서 발생하는 삶/죽음 혹은 보존/부정 간의 투쟁을 파악하는 방식이다. 경계성 성격장애자가 드러내는 '재접근 위기(rapproachment crisis)'나 '분리-개별화'의 실패에서, 혹은 정신신경증의 유발 요인이 되는 오이디푸스 콤플렉스의 불완전한 해소 과정에서 구조화된 심리적 주체는 실존적 문제 상황에서 부닥치는 사건에 대해 드러내는 위기적 반응이 '실존적 갈등'이다. 가령 경계성 성격장애자는 자기(self)와 대상표상에서 부분적 분화만을 달성하였다. 따라서 분리된 개별적 자아가 출현하였으나 그 구조가 취약하여 끊임없이 타자에 의해 집어삼켜지거나 유기되는 것을 두려워한다. 그래서 타자와의 관계가 순조

41) Wilber(1986), *Transformations of Consciousness*, p.117.

롭지 못하거나 지극히 극단적이다. 만일 그가 실제로 심각한 문제 상황에 놓이게 되면 완전히 무가치하고 절망적인 공허에 직면하고 때로는 자살에 이르기도 한다.[42] 반면 '실존적 수준'은 기본적인 발달 구조에서 하나의 특수한 수준, 곧 ⑥의 단계에 이른 개인이 갖는 심리적 특성이다. 이미 사르트르(J.-P. Sartre)와 하이데거(M. Heidegger)가 지적하였다시피 인간 존재가 자신의 삶에서 근본적인 존재론적 불안과 무에 직면하게 되는 것도 이 수준에서다.

윌버에 따르면 ⑥실존적 수준은 실존적 자기의 단계 혹은 비전-논리 단계이다. 이 단계의 실존적 자기의 특징 중의 하나는 관습적이고 마음을 진정시키는 현실적 위안, 이른바 상징계적 위안, 혹은 상징적 질서 내에서의 위안 모두를 이제 더 이상은 높이 생각하지 않는다는 것이다. 개인 주체는 상징적 질서가 제공하는 어떤 위안도 무화될 수 있다는 사실을 깨닫게 된 존재, 즉 상징적 질서가 본래부터 상대적이

---

42) Wilber(1986), pp.110-1. 참고로 DSM-5에서 '경계성 성격장애'의 증상들은 다음과 같다.
①실제 혹은 상상 속에서 버림받지 않기 위해 미친 듯이 노력함. ②과대이상화와 과소평가의 극단 사이를 반복하는 것을 특징으로 하는 불안정하고 격렬한 대인관계의 양상. ③정체성 장애: 자기 이미지 또는 자신에 대한 느낌의 현저하고 지속적인 불안정성. ④자신을 손상할 가능성이 있는 최소한 2가지 이상에서의 충동성(예, 소비, 물질 남용, 좀도둑질, 부주의한 운전, 과식 등). ⑤반복적 자살 행동, 제스처, 위협 혹은 자해 행동. ⑥현저한 기분의 반응성으로 인한 정동의 불안정(예, 강렬한 삽화적 불쾌감, 과민성 또는 불안이 보통 수시간 동안 지속되며 아주 드물게 수일간 지속됨). ⑦만성적인 공허감. ⑧부적절하고 심하게 화를 내거나 화를 조절하지 못함(예, 자주 울화통을 터뜨리거나 늘 화를 내거나, 자주 신체적 싸움을 함). ⑨일시적이고 스트레스와 연관된 피해적 사고 혹은 심한 해리 증상. APA(2015), 『정신질환의 진단 및 통계 편람, 제 5판』, 723쪽.

고 변화가능하며 텅빔 속으로 흘러내릴 수 있다는 것을 알게 된 존재이다. 그래서 보다 더 진정한 혹은 실존적인 자기의 창발이 이 수준의 일차적인 과제이다. 유한한 자기는 상징적으로 그리고 실제로 죽게 되어 있고, 이러한 사실을 직면하는 것이 진정한 자기로 되는 것의 새로운 시작이다. 자기의 죽어 사라질 운명과 자기의 유한성이란 말을 그대로 받아들이는 것, 이것이야말로 자기 자신의 진정한 존재를 발견하는 것의 일부이다.

실존적 수준의 전체 핵심은 우리는 아직 자아초월적 · 초개인적(transpersonal) 수준에 있지 않다는 것이고, 그렇지만 개인적 자기 수준에서도 더 이상은 정착되어 있지 않다는 것이다. 즉 전체 개인적 자아 영역은 심각하게 무의미해지기 시작하며, 이 의미의 결핍성은 ⑥ 실존적 수준의 병리의 중심적 특징이 된다.[43] 이른 바 인본주의 심리학자들이 말하는 진정한 의미의 실존적 위기 상태를 말한다. 따라서 경계성 성격장애자나 신경증자가 느끼는 텅 빈 느낌과 ⑥실존적 수준의 병리, 곧 실존적 위기에서 느끼는 공허와 텅빔은 서로 다른 체험이다. 모든 욕구가 희박해지고 개인성이 전체적으로 무미건조해져 버린 영혼, 이것이 바로 초개인적 자아 초월 영역의 가장자리에 와 있는 영혼이다. 실존적 수준의 자기로서 이 영혼이 직면하게 되는 무, 텅

43) 이 수준의 병리들은 다음과 같다; ①실존적 우울, ②비진정성(inauthenticity), ③실존적 고립과 두려운 낯설음(uncanniness), ④상실된 자기실현, ⑤실존적 불안. 다시 말해서 실존적 수준의 주체에게도 공허감은 그 내용과 정도의 차이가, 이른바 경계성 성격장애와 증상들 가운데 하나인 공허감과 차이가 나지만 흥미롭게도 그 발현의 양상을 나타내는 용어들은 유사하다. 상세한 논의는 Wilber(1986), p.118.

빔의 체험은 고도로 분화되고 통합된 자아를 가진 존재, 즉 합리적이고 사려 깊으며 탁월한 인격이 드러내는 우울이다. 윌버가 톨스토이(L. Tolstoy)에게서 인용하는 다음의 구절은 이 단계에 직면한 실존적 주체가 드러내는 근원적인 질문이다. '나를 기다리고 있는 피할 수 없는 죽음에 의해서도 파괴되지 않을 어떤 의미가 내 삶에 존재하는가?' 이러한 질문은 그 이전 단계에서는 결코 개별적 자아에게서 일어나지 않는다.[44] 말하자면 경계성 성격장애자나 신경증자는 그런 질문에 이르는 각성에 아직 이르지 못하였다. 따라서 나는 지젝이 생애 말기 로스코의 심리 상태를 적절히 추측하였지만 만족스럽지는 않다. 지젝이 경계성 성격장애자에게서 발견한 '텅 빈 느낌'을 통해 주체의 특성으로서 '공허'를 일반화하거나, 실존적 수준의 개인적 공허, 텅빔과 구분하지 못하거나, 나아가 궁극의 '공'과도 구분하지 못하는 것은 그의 한계다. 요컨대 텅빔, 공의 의미도 어느 수준에서 체험하느냐에 따라 다르다. 지젝이 현실적 자아의 무화, 곧 텅빔을 주체의 본래적 특성으로 파악하는 것은 적절하였으나 그 상태들의 차이와 본래성을 구분하지는 못하였다. 그런데 지젝의, 나아가 라캉의 이러한 경계에 대한 이해는 사르트르와 하이데거가 이미 발견한 인간 주체의 존재론적 결론에 대한 보다 체계적인 새로운 버전으로 보인다.

이젠 끝으로 이상의 논의 과정을 통해 로스코의 회화를 지젝에 참조하였음에도 불구하고 또한 다르게 파악할 것이다.

44) Wilber(2000-6), pp.271-2.

8. 다시 로스코에게로

그때 '로스코의 방'에서 마주친 그림들은 로스코의 원숙기 대부분의 색면회화에 비해 색채는 더욱 어두워지고 배경 위로 부유하는 듯한 형상의 크기도 상대적으로 줄어들었다. 마치 배경이 그 형상의 배후에서 스며들어 표면으로 배어져 나온 듯 여겨진다. 하지만 로스코가 죽기 얼마 전 그린 그림, 가령 (도판 2)에서 그 빨강의 배경이 점점 짙어져 마침내 붉게 더욱 확대되어 표면의 부유하는 형상의 거의 대부분을 덮쳐, 남아 있는 작은 부분조차도 곧 그 배경 속으로 잠겨버릴 것 같다. 이제 가늘게 남아 있는 부유하는 노랑의 형상은 마지막 섬광을 발산하는 듯하다.

지젝을 따라 앞서 보았듯이 이 마지막 로스코의 그림에서 실재계의 난입으로 상징적 현실은 와해되고 주체는 엄청난 공허에 직면하여 스스로 폐쇄적 공간에 갇히게 된다. 로스코에게 어떤 가공할 외상이 무의식 속에 남아 있었는지 알 수 없지만, 현실 속의 어떠한 선택조차도 그를 만족시키지 못하고 와해되어 버리는 순간, 로스코에게 일어난 것은 실재계의 공포스러운 등장과 자기 자신을 파괴로 이끄는 병리적 공허, 그리고 치명적인 우울이었다. 지젝이 보기에 이제 정신병적 자폐로 빠지기 직전 로스코에게 남아 있는 마지막 선택은 자살뿐이었다.

나는, 아니 이제 우리는 로스코의 그림 앞에서 어쩌면 이와 같은 섬뜩한 어떤 기분, 곧 자신의 현실 속 자아가 순간 와해되어버리는 체험에 직면하게 되고, 도저히 이해할 수 없는 불안 속으로 이끌려 들어가게 된다. 말하자면 라캉적 실재계와 대면하는 순간이다. 그 순간 우리에게는 위안을 위한 어떤 조처도 현실 속에서는 쓸모없는 것이 되고 만다. 우리는 그저 속수무책으로 그 난입 속으로 휩쓸려 들어가게 된다. 지젝, 나아가 라캉의 가정대로 죽음 충동이나 원초적 향락이 그 근원에서 외상적 중핵으로 작동하고 있을 것이다. 그리고 현실의 인간이란 결코 완벽한 만족에 이를 수 없고 피할 수 없는 결여 속에 존재해야 하는 법이고 또한 인간이란 치명적인 외상적 중핵, 과도한 향락에의 매혹 때문에 일탈해버린, 죽음을 그리워하는 자연에 다름 아니다.[45] 혹은 호머의 말처럼 인간이란 죽음을 향해 자발적으로 나아가는 존재라기보다는 죽음에 의해 이끌리는 존재이기 때문이다.[46]

그럼에도 우리는 그 순간에 명상적 관조에도 이끌리게도 된다는 것도 알아차릴 수 있다. 라캉적 실재계가 자신을 드러내는 어떤 양태에 대해서도 그 속에 함몰되어 잠겨버리지 않고 오히려 그것조차도 주시하고자 하는 텅빔의 주체, 주체3이 존재한다는 것을 알아차릴 수 있다. 그리고 그 순간 새로운 가능성이 등장하고 그것은 이 위기를 포용하면서도 넘어서려는 어떤 작용을 하게 된다. 이 과정에서 궁극에는 라캉적 실재계의 어떤 흔적조차도 무화되는 곳, 곧 또 다른 텅빔, '공(空, Emptyness)'에 침묵 속에서 머물게 된다.

우리는 이것 역시 실재계(R3)라고 부를 수 있을 듯한데, 그것 역시 상징적 질서로써는 표현할 수 없고 의미화 할 수 없기 때문이다. 그리고 상징적 질서에 의해 표출되지만 또한 그 너머에 존재하기 때문이

45) 지젝(2008), 305쪽.

46) 호머(2006), 168쪽.

다. 혹은 상징적 질서에 의해 만들어진 실재계의 흔적, 그조차도 무화되는 공간(?)이기 때문이다. 그런데 이 실재계는 라캉적 실재계와는 다르다. 그것은 단순히 전언어적인 비규정적 사물도 아니며, 자아를 와해시켜 비극적 퇴행으로 환원시켜버리는 실재계도 아니기 때문이다. 오히려 이 실재계는 초언어적이고, 자아의 지대를 넘어서 있는 영역, 무인지대(無人地帶)와 관계 맺도록 한다. 다시 말해서 라캉적 실재계가 상징적 질서에 의해 구성되는 자아의 영역과 또한 그 영역이 무화되는 지점으로서 주체와 연관된다면, 또 다른 실재계(R3)는 그와 같은 주체의 영역을 넘어서는 지대와 연관된다. 혹은 라캉적 실재계는 윌버의 의식 수준들에서 ①에서 ⑥에 이르는 단계들에 걸쳐 관계한다면, 또 다른 실재계(R3)는 그 단계들 너머에 있는 자아초월적 지대, ⑥실존적 수준 너머의 영역과 연관된다. 더 정확히 말하면 ⑨원인적 수준에 이른 '공(空)'의 주체이다.

명상적 관조는 자아초월적인 열린 공간으로 이끄는 수단으로서 인간의 내재적인 힘이다. 물론 명상이 오늘날 심리치료에 관여하여 일정한 효과를 거두기도 하지만 원래 그 목표는 인간으로 하여금 개별적 자아의 단계를 끊임없이 초월하도록 하여 궁극의 무, 텅빔, 곧 공을 발견하게 하는 것이다.

이제 짐작 할 수 있겠지만 로스코의 회화에서 우리가 관조적 명상에 자연스럽게 이행되는 것은 단순히 현실 속에서 새로운 다른 위안을 얻기 위해서가 아니다. 라캉적 실재계조차도 초월하고자 하는 어떤 새로운 실재가 등장하기 때문이다. 그런데 다시 말하지만 주체3 혹은 실재계(R3)는 명상에 의거하지만 명상 자체는 아니다. 실재계

(R2)에 대면하여 주체는 텅 비고 꽉 막힌 수축된 공간 속으로 집어 삼켜지고 질식할 듯한 느낌과 공포에 휩싸이지만 그 순간은 또한 명상적 관조로 자연스럽게 이끌리는 순간이기도 하다. 혹은 자아의 협소한 공간을 넘어서 열린 공간으로 나아가고자 하는 힘이 작동하는 순간이다. 명상을 통해 라캉적 실재계가 어떤 수준에서 침입하더라도 그것을 주시하면서 넘어서게 된다는 점에서 명상적 관조는 초월의 매개이자 수단이다. 이 매개를 통해 우리는 자아의 경계를 넘어선 자아초월의 지대로 들어서게 되고 종국에는 궁극의 텅빔, 공에 이른다.[47]

일찍이 프로이트(S. Freud)는 「쾌락원칙을 넘어서」에서 이미 높은 수준의 인간에게서 발견할 수 있는, 더 높은 완벽을 향한 지칠 줄 모르는 추동력을 "완벽을 향한 충동"[48]이라 불렀고, 「문명 속의 불만」에서는 한계와 경계가 없는 영원에 대한 감각인 '대양적 느낌'에 대해 언급하면서 자신은 한 번도 느껴본 적이 없다고 말했다.[49] 물론 그는 이 개념들을 비판적으로 이해하고 정신분석의 내용에서 배제하거나 그 내용(어머니의 자궁 속에 있던 상태)으로 환원하고자 시도하였다. 말하자면 실재계(R3)는 프로이트가 버린 이 개념들, 곧 '니르바나(Nirvana, 열반(涅槃)을 향한 충동'과 '대양적(大洋的, 영원의) 느낌'과 연관이 있다고 말할 수 있겠다.

---

47) 윌버(2006-1), 윌버(2010), 웰으드(2008), 『깨달음의 심리학』, 엡스타인(2006), 『붓다의 심리학, 명상의 정신치료적 적용』 곳곳에서 명상의 의미 및 명상과 궁극의 실재, 곧 공과의 연관을 발견할 수 있다.

48) 프로이트(2009), 314-5쪽. 이 개념으로부터 '자아초월적 충동'이란 단어를 만들었다.

49) 프로이트(2008), 234쪽.

미술이론가 브라이슨(N. Bryson)은 '확장된 장에서의 응시'에 이해 만들어진 그림으로서 일본의 선화(禪畵)를 예로 든다. 그에 따르면 라캉이 비록 주체의 중심화를 벗어나 급진적인 탈중심화에 이르게 된 것이 명백하더라도 여전히 '잔여적인 주체'가 남아 있다고 주장한다. 이 주체는 어머니-아이 융합의 원초적 향락을 상실하였음에도 불구하고, 그래서 실재계로 사라지고 더 이상 상징적 질서 속의 우리에게 현존하지 않음에도 불구하고 남게 된 나머지, 잔여 곧 대상 a에 영원히 얽매여 있을 수밖에 없는 운명의 존재이다. 그러나 브라이슨이 느끼기에 이 확장된 장은 라캉적 응시가 내포하는 자아-주체를 넘어서야 열리게 되는 공간이다. 달리 말하면 자아초월적 영역이고 초인간적인 차원이다. 그가 이 공간, 나아가 공의 공간에서 비롯하는 그림을 발견하였다는 것은 이 글의 관점에서 볼 때 주목할 만한 통찰이다.[50] 그가 더 발전된 논의를 이어가지 않기에 뭐라 말하기 어렵지만 나는 로스코의 그림도 이 공간으로 넘어가려는 무의식적인 잠재적 주체들 가운데 하나의 표현이고 그 공간을 절정 체험 속에서 보았다고 여겨진다. 그러나 아래에서는 다시 뭉크의 마지막 자화상을 매개로 그의 '회화적 관조'가 이 공간을 암시하고 있음을 언급하면서 논의를 마치겠다.

50) 브라이슨(2004), 「확장된 장에서의 응시」, 참조.

9. 〈자화상, 새벽 2시 15분〉(1940-44)과 '회화적 관조'

뭉크는 1944년 1월 23일 세상을 떠났다. 그는 〈자화상, 새벽 2시 15분〉(도판 7)을 마지막 생물학적 죽음에 이르기까지 그리고 있었다. 그는 누나 소피가 죽음의 순간 몸을 일으키고자 하였던 의자, 온전히 벗어나지 못한 상실의 충격으로 인해 평생 지니고 있었던 그 의자에서 이제 자신도 몸을 일으키려고 한다. 이 그림에 대한 베스테르만(I. M. Westermann)의 묘사는 너무나 절묘하다.

(도판 7) 〈자화상, 새벽 2시 15분〉(1940-44), 종이에 구아슈, 51.5x64.5cm

화가는 자신의 죽음을 예감한 모습이다. … 그는 여위고 거의 비물질화된 것처럼 투명해 보이는 몸을 안락의자에서 일으키려 한다. 얼굴은 이 세상 것이 아닌 듯한 밝은 노란 빛으로 넘친다. 그는 더 이상 스스로 일어날 수 없을 것이다. 또 다른 힘이 그를 부르고 있다. 그의 단호하고 곧은 표정에는, 자신에게 더 이상 다른 선택의 여지가 없다는 데 대한 자각과 공포가 섞여 있다. 그의 뒤에 있는 어두운 그림자는 죽음의 존재를 나타내며, 죽어가는 남자를 둘러싼 공간은 녹아 사라져간다.[51]

뭉크는 자신의 생애동안 겪게 된 삶의 온갖 고통과 번뇌, 때로는 희망을 있는 그대로 그림으로 묘사하고자 하였다. 자신의 감각, 느낌과 감정, 생각과 이념, 자연과의 동일화 등을 자신에게서 일어나는 그대로 관조 속에서 화폭에 담아 왔다. 그리고 이제 마지막 자신의 죽음마저도, 그 죽음을 둘러싸고 일어나는 사건들조차도 초연하게 그리고 있다. 그 사건들에 종속되어서가(subject to) 아니라 그 사건들을 대상으로 삼아 거리를 두고 회화적으로 관조하고 있다. 혹은 지금 오직 그림을 바라보고 있을 뿐인 당신의 주체3이.

뭉크는 이제 주체3의 상태에 비교적 안정적으로 머물 수 있는 듯하다. 그의 주체1을 구성하고 있는 어떤 하위 주체 혹은 부분 주체가 등장하여 주체3의 자리를 채우더라도 그는 이제 그 부분 주체, 부분 '나'를 관조할 수 있는 존재가 된 듯하다. 고통을 그토록 오래 그리고 힘들게 견디면서. 그러고 보니 주체3의 두 가지 의미를 빠뜨렸다. 하나는 바탕으로서의 주체3이다. 주체에게 일어나는 모든 것의 바탕은 상징적 질서의 결여, 그리고 그 결여를 가리는 것으로서 대상 a가 아니

51) 베스테르만(2013), 『뭉크, 추방된 영혼의 기록』, 179쪽.

다. 우리는 존재의 어느 차원에 머물러 있든 이미 주체3을 전제로 하고 있으며 의존하고 있다. 단지 우리가 그 존재함을, 작용함을 오직 모르고 있을 뿐이다. 다른 하나는 차원과 수준으로서의 주체3이다. 그것은 텅빔, '공'으로서의 주체다. 바탕으로서의 주체3은 사실 삶의 모든 순간에, 기표와 기표 사이에서, 주체1과 주체2 사이에서, 선택과 선택 사이에서 언제나 등장하지만 우리는 사실 그 존재를 알아차리지 못한다. 더 긴 이야기는 다음에 하겠다.

(1부 끝)

〈참고 문헌〉

게이, P., 『프로이트1(정신의 지도를 그리다, 1856~1915)』, 정영목 옮김, 교양인, 2011.

게이, P., 『프로이트2(1915~1939, 문명의 수수께끼를 풀다』, 정영목 옮김, 교양인, 2011.

게이포드, M., 『고흐, 고갱 그리고 옐로 하우스』, 김민아 옮김, 안그라픽스, 2007.

겔더, K. V., 『나는 재즈광, 히피, 마약중독자 그리고 경계성 인격장애 환자였다』, 서민아 옮김, 필로소픽, 2012.

김동규, 『철학의 모비딕(예술, 존재, 하이데거)』, 문학동네, 2013.

노부스, D., 『라캉 정신분석의 핵심 개념들』, 문심정연 옮김, 문학과지성사, 2013.

네이페, S. 외, 『화가 반 고흐 이전의 판 호흐』, 최준영 옮김, 민음사, 2016.

도르, J., 『프로이트·라깡 정신분석임상』, 홍준기 옮김, 아난케, 2005.

도르, J., 『라깡 세미나·에크리 독해 Ⅰ』, 홍준기 외 옮김, 아난케, 2009.

도르, J., 『라깡과 정신분석임상(구조와 도착증)』, 홍준기 옮김, 아난케, 2013.

도이, G., 『미술사의 유물론적 이해』, 이성훈 옮김, 경성대학교출판부, 2007.

라캉, J., 『자크 라캉 세미나 11』, 맹정현 외 옮김, 새물결, 2008.

라플랑슈, J. 외, 『정신분석 사전』, 임진수 옮김, 열린책들, 2005.

레빈, D. M. 외 엮음, 『모더니티와 시각의 헤게모니』, 정성철 외 옮김, 시각과언어, 2004.

르베르, M., 『정신분석 혁명』, 이재형 옮김, 문예출판사, 2000.

리치먼, A., 『반 고흐의 마지막 연인』, 정은지 옮김, 아트북스, 2008.

마이어스, T., 『누가 슬라보예 지젝을 미워하는가』, 박정수 옮김, 앨피, 2005.

마하리쉬, R.『나는 누구인가』, 이호준 옮김, 청하, 2004.
마하리쉬, R.『있는 그대로』, 데이비드, G. 편집, 정창영 옮김, 한문화, 2007.
말러, S. 외,『유아의 심리적 탄생-공생과 개별화』, 이재훈 옮김, 한국심리치료연구소, 1997.
매스터슨, J. F.,『참자기』, 임혜련 옮김, 한국심리치료연구소, 2000.
매슬로, A.,『가치와 존재』, 이재봉 외 편역, 교육과학사, 1994.
매슬로, A.,『존재의 심리학』, 정태연 외 옮김, 문예출판사, 2005.
뭉크, E.,『뭉크, 뭉크』, 이충순 옮김, 다빈치, 2005.
미셸, F.,『고흐의 인간적 얼굴』, 김남주 옮김, 이끌리오, 2001.
박정자,『빈센트의 구두』, 기파랑, 2005.
박찬국,『하이데거와 나치즘』, 문예출판사, 2001.
박찬국,『들길의 사상가, 하이데거』, 동녘, 2004.
박홍규,『절망 속에서도 희망을(노동자화가 빈센트 반 고흐의 아나키 유토피아)』, 영남대학교출판부, 2013.
반 고흐, V.,『반 고흐, 영혼의 편지』, 신성림 옮김, 예담, 2005.
반 고흐, V.,『반 고흐, 영혼의 편지2』, 신성림 옮김, 예담, 2011.
반 고흐, V.,『Vincent van Gogh: A Self-Portrait in Art and Letters』, 이창실 옮김, 생각의나무, 2007.
반 고흐, V.,『세상에서 가장 아름다운 편지』, 박홍규 옮김, 아트북스, 2010.
반 고흐, V. 외,『고흐의 편지』, 정영일 옮김, 선영사, 2005.
반 데르 베인, W. 외,『반 고흐, 마지막 70일』, 유예진 옮김, 지식의숲, 2011.
발테슈바, J.,『마크 로스코』, 윤채영 옮김, 마로니에북스, 2006.
벨지, C.,『문화와 실재: 라캉으로 문화 읽기』, 김전유경 옮김, 경성대학교출판부, 2008.
브라이슨, N.,「확장된 장에서의 응시」, 포스터(2004)의 논문.
브라흐마, A.,『놓아버리기(아잔 브람의 행복한 명상 매뉴얼)』, 혜안 옮김, 궁리, 2012.

비쇼프, U.,『에드바르드 뭉크』, 반이정 옮김, 마로니에북스, 2005.
비트머, P.,『욕망의 전복(자크 라캉 또는 제2의 정신분석학 혁명)』, 홍준기 외 옮김, 한울아카데미, 2009.
살레츨, R.,『불안들』, 박광호 옮김, 후마니타스, 2015.
서동욱 엮음,『미술은 철학의 눈이다』, 문학과지성사, 2014.
선드, J.,『고흐』, 남경태 옮김, 한길아트, 2004.
스위트먼, D.,『세상의 모든 것을 사랑한 화가 1』, 이종욱 옮김, 한길아트, 2004-1.
스위트먼, D.,『세상의 모든 것을 사랑한 화가 2』, 이종욱 옮김, 한길아트, 2004-2.
스태파니 외,『서양철학과 선』, 김종욱 편역, 민족사, 1993.
스테너센, R.,『에드바르드 뭉크』, 김윤혜 옮김, 눈빛, 2003.
신명아,「라깡과 미술비평」, 홍준기 외(2005)의 논문.
신상희,『하이데거와 신』, 철학과현실사, 2007.
신상희,「옮긴이 해제」, 하이데거(2010)의 해제.
아르놀트, M.,『뭉크』, 김재웅 옮김, 한길사, 1997.
애덤스, L. S.,『미술사 방법론』, 박은영 옮김, 조형교육, 1999.
에드워즈, C.,『하느님의 구두』, 최문희 옮김, 솔, 2007.
에릭슨, K.,『영혼의 순례자 반 고흐』, 안진이 옮김, 청림출판, 2008
에반스, D.,『라깡 정신분석 사전』, 김종주 외 옮김, 인간사랑, 1998.
에반스, D.,「칸트주의 윤리학에서 신비체험까지-주이상스 탐구」, 노부스(2013)의 논문.
엘킨스, J.,『그림과 눈물』, 정지인 옮김, 아트북스, 2009.
엡스타인, M.,『붓다의 심리학; 명상의 정신치료적 적용』, 전현수 외 옮김, 학지사, 2006.
엡스타인, M.,「자아초월 심리학에 대한 지그문트 프로이트의 영향」, Scotton(2008)의 논문.
오질비, B.,『라캉 주체 개념의 형성』, 김석 옮김, 동문선, 2002.
웰우드, J.,『깨달음의 심리학』, 김명권 외 옮김, 학지사, 2008.
윌버, K.,『아이 투 아이: 감각의 눈·이성의 눈·관조의 눈』, 김철수 옮김,

대원출판사, 2004.
윌버, K.,『모든 것의 역사』, 조효남 옮김, 대원출판, 2005.
윌버, K.,『세상에서 가장 아름다운 용기』, 김재성 외 옮김, 한언 2006-1.
윌버, K.,『의식의 스펙트럼』, 박정숙 옮김, 범양사, 2006-2.
윌버, K.,『통합 심리학-의식·영·심리학·심리치료의 통합』, 조옥경 옮김, 학지사, 2008.
윌버, K.,『켄 윌버의 일기』, 김명권 외 옮김, 학지사, 2010.
이기상,「현대기술의 본질: 도발과 닦달」, 하이데거(2011)의 해제.
이병창,『지젝 라캉 영화(두 죽음 사이)』, 먼빛으로, 2013.
임진수,『환상의 정신분석(프로이트, 라캉에서의 욕망과 환상론)』, 현대문학, 2005.
임진수,『정신분석에서 자아의 문제』, 파워북, 2010.
임진수,『남근의 의미작용』, 파워북, 2011-1.
임진수,『부분 대상에서 대상 a로』, 파워북, 2011-2
임진수,『실재와 진실』, 파워북, 2012-1.
임진수,『상징계-실재계-상상계』, 파워북, 2012-2.
전영백,『세잔의 사과: 현대 사상가들의 세잔 읽기』, 한길아트, 2008.
제이, M.,「사르트르, 메를로-퐁티, 그리고 새로운 시각 존재론을 위한 탐구」,『모더니티와 시각의 헤게모니』, 시각과언어, 2004.
조선령,『라캉과 미술』, 경성대학교출판부, 2011.
조성호,『경계선 성격장애-나는 누구인가?』, 학지사, 2000.
조효남,『의식·영성·자아초월 그리고 상보적 통합』, 학수림, 2008.
정인석,『트랜스퍼스널 심리학』, 대왕사, 2009.
지젝, S.,『삐딱하게 보기』, 김소연 외 옮김, 시각과언어, 1995.
지젝, S.,『이데올로기의 숭고한 대상』, 이수련 옮김, 새물결, 2013.
지젝, S.,『당신의 징후를 즐겨라!: 할리우드의 정신분석』, 주은우 옮김, 한나래, 2008.
지젝, S.,『How to Read 라캉』, 박정수 옮김, 웅진지식하우스, 2007.
지젝, S. 외,『성관계는 없다-성적 차이에 관한 라깡주의적 탐구』, 김영찬 외 옮김, 도서출판b, 2005.

진중권, 『현대미학 강의-숭고와 시뮬라크르의 이중주』, 아트북스, 2003.
최영미, 『시대의 우울: 최영미의 유럽일기』, 창작과비평사, 1997.
캐시단, S., 『대상관계치료』, 이영희 외 옮김, 학지사, 2005.
컨버그, O., 『대상관계이론과 임상적 정신분석』, 이재훈 외 옮김, 한국심리치료연구소, 2003.
케이, S., 『슬라보예 지젝』, 정현숙 옮김, 경성대학교 출판부, 2006.
코엔-솔랄, A., 『마크 로스코』, 여인혜 옮김, 다빈치, 2015.
콜라루쏘, C., 『정신분석적 발달이론』, 반건호 외 옮김, 학지사, 2011.
크베넬란, S. 외, 『뭉크』, 권세훈 옮김, 미메시스, 2014.
클레어, M., 『인간의 관계 경험과 하느님 경험-대상관계이론과 종교』, 이재훈 옮김, 한국심리치료연구소, 1998.
콜린스, B., 『반 고흐 VS 폴 고갱』, 이은희 옮김, 다빈치, 2002.
클라크, T., 『마르틴 하이데거 너무나 근본적인』, 김동규 옮김, 앨피, 2008.
키에자, R., 『주체성과 타자성, 철학적으로 읽은 자크 라캉』, 이성민 옮김, 난장, 2012.
파커, I., 『지젝: 비판적 소개』, 이성민 옮김, 도서출판 b, 2008.
펠, D., 『반 고흐, 사랑과 광기의 나날』, 최일성 옮김, 세미콜론, 2007.
포스터, H. 엮음, 『시각과 시각성』, 최연희 옮김, 경성대출판부, 2004.
폰 헤르만, F.-W., 『하이데거의 예술철학』, 이기상 외 옮김, 문예출판사, 1997.
프로이트, S., 『히스테리 연구』, 김미리혜 옮김, 열린책들, 2009.
프로이트, S., 『문명 속의 불만』, 김석희 옮김, 열린책들, 2008.
프로이트, S., 『종교의 기원』, 이윤기 옮김, 열린책들, 2008.
프로이트, S., 『정신분석학의 근본 개념』, 박찬부 옮김, 열린책들, 2009.
프리도, S., 『에드바르도 뭉크, 세기말 영혼의 초상』, 윤세진 옮김, 을유문화사, 2008.
핑크, B., 『라캉과 정신의학』, 맹정현 옮김, 민음사, 2003.
핑크, B., 『에크리 읽기: 문자 그대로의 라캉』, 김서영 옮김, 도서출판b, 2007.

핑크, B.,『라캉의 주체: 언어와 향유 사이에서』, 이성민 옮김, 도서출판b, 2010.

하이데거. M.,「예술작품의 근원」, 폰 헤르만(1997)의 부록.

하이데거. M.,『동일성과 차이』, 신상희 옮김, 민음사, 2006.

하이데거. M.,『숲길』, 신상희 옮김, 나남, 2010.

하이데거. M.,『강연과 논문』, 이기상 외 옮김, 이학사, 2011.

해밀턴, N. G.,『대상관계이론과 실제-자기와 타자』, 학지사, 2010.

해밀턴, N. G.,『심리치료에서 대상관계이론과 자아기능』, 학지사, 2009.

헴펠, H. P.,『하이데거와 선(禪)』, 이기상 외 옮김, 민음사, 1995.

호딘, J. P.,『절망에서 피어난 매혹의 화가, 에드바르 뭉크』, 이수연 옮김, 시공사, 2010.

호머, S.,『라캉 읽기』, 김서영 옮김, 은행나무, 2006.

홍준기,『라캉과 현대철학』, 문학과지성사, 1999.

홍준기,『오이디푸스 콤플렉스, 남자의 성, 여자의 성』, 아난케, 2008.

홍준기 외,『라깡의 재탄생』, 창비, 2005.

히라노 게이치로,『나란 무엇인가』, 21세기북스, 2015.

APA,『정신질환의 진단 및 통계 편람, 제 5판』, 권준수 외 옮김, 학지사, 2015.

Bogousslavsky, J. 외,『천재 예술가들의 신경질환』, 이대희 옮김, 아름다운사람들, 2010.

Edwards, C., *The Shoes of Van Gogh: A Spiritual and Artistic Journey to the Ordinary*, A Crossroad Book, 2004.

Erickson, K. P., *At Eternity's Gate: The Spiritual Vision of Vincent Van Gogh*, Eerdmans, 1998.

Fink, B., *The Lacanian Subject: Between Language and Jouissance*, Princeton Univ. press, 1995.

Lacan, J., *The Four Fundamental Concepts of Psychoanalysis: The Seminar of J. Lacan Book XI*, trans. A. Sheriden, W. W. Norton, 1998.

Lacan, J., *Ecrits: the first complete edition in English*, trans. B. Fink, Norton, 2006.

Jay, M., *Downcast Eyes: The Denigration of Vision in Twentieth-Century French Thought*, Univ. of California Press, 1994.

Schapiro, M., *Modern Art: 19th and 20th Centuries*, George Braziller, 1979.

Schapiro, M., *Theory and Philosophy of Art: Style, Artist, and Society*, George Braziller, 1994.

Scotton, B. W. 외,『자아초월 심리학과 정신의학』, 김명권 외 옮김, 학지사, 2008.

Van Gogh, V., *The Complete Letters of Vincent van Gogh Vol.1-3*, New York Graphic Society, 1981.

Wilber, K., *The Collected Works of Ken Wilber vol.4: Integral Psychology; Transformations of Consciousness; Selected Essays*, Shambhala, 1999.

Wilber, K., *The Collected Works of Ken Wilber vol.6: Sex, Ecology, Spirituality-The Spirit of Evolution*, Shambhala, 2000.

Wilber, K., *The Collected Works of Ken Wilber vol.7: A Brief History of Everything; The Eye of Spirit*, Shambhala, 2000.

Wilber, K., *The Collected Works of Ken Wilber vol.8: The Marriage of Sense and Soul; One Taste*, Shambhala, 2000.

Wilber, K., Engler, J., and Brown, D., *Transformations of Conscious- ness*, Shambhala, 1986.

Zizek, S., *Looking Awry: An Introduction to Jacques Lacan through Popular Culture*, The MIT Press, 1991.

Zizek, S., *Enjoy Your Symptom!: Jacques Lacan in Hollywood and out*, Routledge, 2001.

Zizek, S., *The Sublime Object of Ideology*